本书获得湖南科技大学学术出版基金、湖南省社会科学基金一般项目“财政金融政策协同支持乡村振兴的效果评估及长效机制研究”（22YBA029）资助，是作者在湖南大学工商管理学院博士后流动站期间的最终研究成果。

CHANYE TIAOZHENG
YU JIUYE TIZHEN YANJIU

产业调整与就业提振研究

袁旭宏　杨智辉　潘怡锦　张怀志　著

湘潭大学出版社
XIANGTAN UNIVERSITY PRESS

引　言

党的十九届五中全会提出了“高质量发展”与“双循环新发展格局”的发展目标。其中，“高质量发展”涵盖经济发展、社会稳定、环境保护、民生保障等多个方面，对我国经济结构转型升级、产业价值链跃迁提出了更高的要求；构建国内国际双循环的新发展格局是以国内大循环为主体、与国内国外大循环相互配合，形成国内产业链与国外产业链的融合与对接，发挥国内市场的产能优势和消费优势，促进地区经济的互利共赢与协同发展，持续推动经济资源的优化配置，以此来保障我国经济社会的平稳健康发展。

一直以来，产业结构与就业结构之间存在的关联、互动、协调等关系，是经济学界和政策部门长期关注的问题。就业是最大的民生，而产业是就业的载体，就业结构与产业结构动态调整、良性互动必然关乎我国社会经济的持续健康发展，也必然是实现“高质量发展”与“双循环新发展格局”发展目标的重要保障。本书通过文献研究和理论梳理发现，已有研究中关于产业调整强度、产业多样化发展两个方面对就业的影响机制的解读尚有不足。为此，本书采用面板数据模型、分位数估计、中介效应检验、工具变量估计、空间计量等分析方法，在重点探讨产业调整强度与城市失业率的关联性和影响机制、产业多样化发展对城市就业的影响强度和机制的基础上，进一步拓展分析普惠金融发展对地区就业的提振效应及对地方债务规模的影响效应和作用机制，最后根据研究结论提出针对性对策建议。

研究结论包括以下几个方面：第一，样本期内，我国三次产业结构呈现出第一产业产出占比持续降低，第二产业占比小幅度波动伴随有下降趋势，而第三产业产出占比处于持续增长的状态。整体来看，“三二一”的结构初步形成，产业服务化发展趋势明显加快，产业结构的合理化水平不断提高，产业结构与就业结构的匹配程度逐渐提高，但是东、中、西部地区的城市产业合理化水平存在明显的梯度差异。第二，产业调整强度与城市失业率、失业率波动显著负相关，即产业调整强度越大，越有助于降低城市失业率，但是这种降低失业率的效应会减弱，通过稳健性检验和内生性处理后，上述结论依然成立。在产业人口扩张和失业率相对较低的城市，降低失业率和提升就业稳定性的效应会更加明显。随着城市人口密度的增加，产业调整有助于降低城市失业率，对城市就业稳定的作用依然存在，但是作用强度略有降低。在资本深化过程中，产业调整可以减弱或消除资本深化对城市就业的负面影响。第三，无论是城市产业的相关多样化发展，还是城市产业的无关多样化或者整体多样化发展，都会导致城市失业率上升。通过剔除直辖市样本、替换多样化指标（剔除房地产行业、建筑行业，或者同时剔除房地产行业和建筑行业）、工具变量估计三种稳健性检验，上述结论依然成立。通过分位数估计发现，从低分位到高分位，失业率越高的城市，产业多样化发展对城市就业的负面影响越大。机制检验发现，产业多样化发展通过促进市民化进程，导致城市失业率增加，但是产业多样化发展并未通过改变劳动力在行业之间的重新配置强度影响城市就业。城市产业多样化发展是城市产业扩张的一种状态，从城市就业规模方面来看，产业扩张是创造就业岗位的重要机制，促进了人口城市化的进程。简而言之，城市产业多样化发展增加了就业需求，但是由于人口向城市集聚的规模大于产业扩张的规模，表现出产业多样化促进城市失业率上升的结果。第四，普惠金融发展会显著促进城市就业水平提升，产业调整成为重要的中介机制。从普惠金融发展水平来看，经济发展水平相对落后的西部地区普惠金融发展水平反而最高，其次是东部地区，中部地区和东北地区相差不多。普惠金融对东部、西部地区的就业促进作用更为明显，东北地区出现就业下降状态。发展普惠金融，加速产业调整，带动就业增长，符合产业结构与就业结构紧密联系的客观事实。以地区国内生产总值与行政区域面积的比值作为经济密度的代理变量，发现经济发展水平越高，越有利于实现普惠金融的就业提振效应。第五，在拓展研究中，基于2011—2019年我国地级市面板数据，利用固定效应模型、空间滞后模型、分位数估计等方法检验普惠金融降低地方债务规模的时空效应与作用机制。研究表明：发展普惠金融具有降低地方政府债务规模的效应，这种“降债”效应随着地方债务规模增加而减弱，并表现出明显的区域性以及经济发展水平、商业水平及人口规模方面的异质性。从空间效应来看，发展普惠金融不仅有助于直接降低本地政府债务规模，还会间接降低相邻地区政府债务规模。机制检验显示，发展普惠金融通过提高地方政府公共财政收入、促进第三产业发展来降低地方政府债务规模，其中介效应分别达到17.80%、92.47%。基于此，提出了相应的产业结构转型升级、提振就业、推进普惠金融发展、控制地方债务过快增长、防范地方政府债务风险的政策建议。

目　录

第1章 绪 论

1.1 研究背景

党的十九届五中全会通过的《中共中央关于制定国民经济和社会发展第十四个五年规划和二〇三五年远景目标的建议》明确提出了"高质量发展"与"双循环新发展格局"两个发展目标。"高质量发展"涵盖了经济发展、社会稳定、环境保护、民生保障等多个方面，对我国经济结构转型升级、产业价值链跃迁与融合提出了更高的要求；构建国内国际双循环的新发展格局对地区产业结构调整提出了挑战，通过国内大循环与国外大循环相互配合发展，形成国内产业链与国外产业链的融合对接，发挥国内市场的产能优势和消费优势，促进地区间经济层面的互利共赢，推动资源优化配置，最终实现高质量发展。因此，在推进高质量发展与构建双循环新发展格局两个大背景下，探讨我国产业结构调整对地区就业的影响具有重要现实意义。

一直以来，产业结构与就业结构之间存在的关联、互动、协调等关系，是经济学界长期关注的问题。就业是最大的民生，而产业是就业的形式载体，在中国庞大的市场中，各产业的发展存在明显的地区差异和时间差异，进而使得就业人口在不同产业间重新配置，就业结构与产业结构的动态调整与良性互动必然成为经济持续健康发展的保障。改革开放40多年以来，我国在经济发展方面取得世界瞩目的成就，意味着我国改革开放以来的经济结构和产业结构的调整强度处于较高的水平，这也是我国劳动力结构调整长期滞后于产业结构调整的重要原因之一。长期以来，我国产业结构的转型发展受到政策、劳动力供应、技术水平以及外部不确定性等因素的多重影响，当前我国经济社会政策体系不断优化，技术水平不断提升，外部不确定性影响也变得更加复杂。尤其是2008年的全球金融危机、2009年的欧债危机、美国单边主义等外部环境的不确定性，以及当前贸易摩擦、原材料价格上涨、美元信用下降等多种因素的影响，导致国内实体经济发展受限、出口贸易陷入被动，对我国的实体经济发展与就业稳定产生了严重的冲击。当前，部分产业出现增长缓慢、效益下滑等现象，已成为我国经济下行的主要原因，进而波及我国的劳动力市场，加剧了我国稳就业和高质量就业的难度。2013年，习近平总书记提出了共同建设"一带一路"的倡议，我国与共建"一带一路"国家的经济往来更加密切，为我国基础设施建设，钢铁、建材、装备制造等重工业的转型发展创造了机会，也为我国产业产能转移和扩大市场创造了难得的机遇。2018年，中美贸易摩擦爆发，许多行业和商品被卷入此次贸易摩擦之中。2020年，突如其来的新冠疫情公共卫生事件，对我国各行各业的稳定发展和就业市场的稳定产生强大冲击，大量企业经营承压引致劳动力需求下降、返乡劳动力暂时性滞留、校园招聘会被取消、收入断档等问题，增加了稳就业的难度。在此背景下，中国立足于高质量发展，依托人工智能、区块链、大数据等新技术，带动新兴产业的快速发展，通过国内巨大的市场潜力促进生物制药、新材料、新能源、新基建等领域的融合发展，促进了产业结构升级。

"发展才是硬道理"，随着我国经济政策的不断完善，政府宏观调控能力的不断提升，我国产业调整的步伐必然不断加速，劳动力供给端与需求端的匹配难度将进一步加大。通过系统研究，从产业调整的强度和方向两个视角来探讨高质量就业的实现路径具有理论与实践层面的双重价值。基于上述背景，本书在理论研究、现实把握的基础上，采用地级以上城市面板数据，从强度和方向两个主要层面探讨我国产业调整可能存在的就业效应，为我国产业转型和高质量就业提供理论支持和政策建议。

1.2　研究意义

从城市层面探究产业调整对地区就业（就业规模、就业率、就业稳定性）的影响，是理解我国经济发展基本逻辑的有效途径。产业调整既包括产业种类与规模的变化、产业间的协调性等内容，又包括产业结构由低级向高级进行转化的全过程，因此，产业调整可分解为调整强度和调整方向两个方面。党的十九届四中全会提出，完善科技创新体制机制、加大基础研究投入并支持提升产业基础能力和产业链现代化水平，同时，建设更高水平的开放型经济新体制，推动制造业、服务业、农业扩大开放，以促进对外出口贸易多元化，促进内外资企业公平竞争，推进人民币国际化。从上述现实层面来看，本书对城市内部产业调整的强度和方向进行分解，以产业调整强度、产业多样化发展可能存在的就业效应作为研究对象，试图解释二者的作用机理与影响程度，以期对我国产业调整与高质量就业提供理论支持。具体而言，包括以下几个方面：

第一，阐释产业调整背后的政策含义，有助于理清政策干预的边界，为城市产业结构转型升级提供新思路。十九届五中全会提出“高质量发展”与“双循环新发展格局”两个发展目标，只有内需与外需联动配合，需求侧与供给侧双管齐下，促进各产业协同，才可以实现内外双循环的发展格局。新的发展理念是国家经济社会发展战略的体现，充分发挥我国1亿多企业主体的市场优势、1.7亿多受到高等教育的人才优势以及超过4亿的中等收入群体的庞大消费市场优势，以此来推动建立更大规模、更完备的产业体系，是实现高质量发展的基础。本书通过对城市产业调整强度、劳动力在产业间的再配置能力、产业多样化发展的测度与分析，为现实产业结构转型发展提供新思路。

第二，明晰产业调整对地区就业的差异化影响，为理解产业调整与高质量就业的内在关系提供现实依据。十九届五中全会以来，国家提出“高质量就业”的新要求，提高就业率和就业稳定性已成为最主要的发展指标。现有研究侧重于对产业结构调整与就业结构的协调性和偏离度进行探讨，在现有研究基础上，本书将从城市产业的调整强度、产业间劳动力再配置强度以及产业多样化发展等角度，探究城市产业调整与就业结构之间的动态变化和影响，并揭示可能存在的影响路径和机制。

第三，从产业间劳动力再配置强度视角，探索提高就业率和就业稳定性的基础理论。改革开放40多年以来，我国经历了快速的工业化和城镇化进程，城市产业发展创造了大量的就业岗位，吸收了大量的农业转移人口。然而，我国农村人数占总人数的比例依然很高，第六次人口普查数据表明，农村人口占比为50.32%，农村人口占比高意味着农村剩余劳动力的就业问题成为需要攻克的难点问题。在长期的城乡二元结构下，农村劳动力从生产效率较低的第一产业向生产效率较高的第二、三产业转移的过程中，不仅面临着就业歧视与就业不公平等问题，还面临着城市就业规模和就业稳定性的考验。从宏观视角来看，主要体现在产业调整过程中产业间的劳动力再配置强度发生了改变。本书通过测算行业间劳动力再配置强度来解释产业调整过程中存在的就业效应，以期为提高就业率和就业稳定性提供理论借鉴。

1.3 研究方法

本书基于产业经济学、城市经济学以及劳动经济学相关理论，采用统计分析和多种计量分析方法，从产业调整强度、产业多样化发展、劳动力在产业之间的配置能力三个角度，探讨我国城市产业调整对就业的影响程度与可能存在的机制，并进一步研究普惠金融发展的就业提升效应和对地方债务的影响，具体研究方法包括以下三种：

（1）规范分析方法。规范分析方法主要应用于本书的文献研究与相关理论回顾，以此来构建本书的基础理论框架。其中，文献研究主要包括产业结构调整的影响因素研究、各类产业发展的相关研究、产业结构调整对经济发展的影响研究、产业结构调整对城市化进程的影响研究、产业结构与就业结构的关联性研究、就业质量影响因素与评价方法研究等多个方面，而相关理论回顾主要包括产业分类与产业结构、产业结构与城市化、产业结构与就业结构的偏离度、二元经济结构与劳动力转移、普惠金融发展、地方债务等方面。

(2) 定性与定量分析相结合。根据核心问题的研究需要，本书基于2003—2019年城市层面上的子类产业产出数据、就业规模及其变化数据，对我国城市产业结构进行比较全面的定性与定量分析，通过城市三次产业结构变迁、产业结构高级化、产业结构合理化、产业多样化发展水平等多个层面的分析，全面了解我国城市产业结构变迁的特征与演化过程。

(3) 多种实证分析相结合。本书实证分析包括产业结构调整影响就业的机制、产业多样化发展对就业的影响、普惠金融发展的就业效应以及普惠金融对地方债务规模的影响四个部分，主要采用了面板数据估计、工具变量估计、分位数估计、中介效应检验、空间计量等方法进行实证检验，提升了研究结论的科学性，为政策研究提供可靠依据。

1.4 研究框架

第1章，绪论。绪论是本书的总起部分。首先，根据我国经济社会发展的历程阐明了研究背景和研究意义；其次，介绍本书采用的研究方法及其对应解决的问题；最后，详细阐述研究框架、创新与不足。

第2章，文献综述。重点梳理了以下方面的研究文献：产业结构调整的影响因素分析、产业结构调整对经济发展的影响分析、子类产业变迁的相关研究、产业结构调整对城市化进程的影响分析、就业结构变迁与演化分析、产业结构与就业结构关联性分析、就业质量的文献分析。通过对当前国内外关于产业调整与就业的相关文献进行梳理和评述，介绍与本书研究主题相关的前沿方法和理论。

第3章，理论回顾与机制分析。该部分涉及五个方面的理论回顾，主要包括产业结构调整的相关理论、产业分类与产业结构的相关理论、城市化与产业结构的相关理论、产业结构与就业结构的相关理论、二元经济结构与劳动力转移的相关理论。通过理论回顾，为本书的实证研究奠定理论基础，并对本书研究主题可能涉及的机制理论进行阐述。

第 4 章，中国城市产业调整的多维动态分析。主要包括三次产业结构变迁、城市群产业结构调整趋势、直辖市与省会城市产业结构变迁、城市产业结构高级化与合理化、城市产业多样化发展、城市产业结构升级的趋势等多个维度的分析。研究发现：样本期内，我国三次产业结构呈现出第一产业产出占比持续降低，第二产业占比在小幅度波动过程中下降，而第三产业产出占比持续增长的趋势。整体来看，“三二一”的结构初步形成，产业服务化的高级发展明显加快；三次产业合理化指数呈现下降趋势，说明我国产业结构的合理化水平不断提高，产业结构与就业结构的匹配程度逐渐提高，但是东、中、西部地区的城市产业合理化水平存在明显的梯度差异。

第 5 章，产业调整的就业市场均衡效应研究。从子类产业就业波动来测算产业调整强度，并检验产业调整强度对就业的影响。2003—2017 年，在我国城市产业规模扩张过程中，产业调整强度与城市失业率、失业率波动呈显著负相关关系，即产业调整强度越大，城市失业率越低，就业率越稳定。通过替换核心变量（就业指标和产业调整强度指标）、工具变量估计（IV）稳健性检验，发现上述结论依然稳健。尤其是在产业人口扩张的城市，这种促进就业率和就业稳定的作用更加明显。分位数估计发现，在全样本中，城市产业调整强度对就业的影响还是被低估了，在产业发展过程中，城市之间的就业水平差距可能越来越大，即有的城市的失业率会越来越低，而有的城市的失业率会越来越高。在失业率低的城市，就业更加稳定，城市产业调整强度对城市就业稳定的作用越强。在城市人口密度增加的过程中，城市产业调整强度增大，有助于降低城市失业率，同时，其对城市就业稳定的作用依然存在，但是作用强度略有降低；城市产业调整可以减弱或消除资本深化对就业的负面影响，甚至在产业扩张型调整中对劳动力的吸纳能力还会增强。在资本深化过程中，城市就业稳定性会下降，城市产业调整可以减弱或消除资本深化对就业稳定的负面影响。

第 6 章，产业多样化发展与城市就业的实证分析。无论是城市产业的相关多样化发展，还是城市产业的无关多样化或者整体多样化发展，都是导致城市失业率上升的重要原因。通过剔除直辖市样本、替换多样化指标(剔除房地产、建筑行业，或者同时剔除房地产和建筑行业)、工具变量估计三种稳健性检验，上述结论依然成立。通过分位数估计发现，从低分位到高分位，失业率越高的城市，产业多样化发展对城市就业的负面影响越大。机制检验发现，产业多样化发展通过促进市民化进程，导致城市失业率增加，但是产业多样化发展并未通过改变劳动力在行业之间的重新配置强度影响城市就业。通过上述分析，城市产业多样化发展是城市产业扩张的一种状态，从城市就业规模方面来看，产业扩张是创造就业岗位的重要机制，促进了人口城市化的进程，研究结论同样是建立在上述基础之上。简而言之，城市产业多样化发展增加了就业需求，但是由于人口向城市集聚的规模大于产业扩张的规模，表现出产业多样化促进城市失业增加的结果。

第 7 章，普惠金融、产业调整与地区就业。通过构建 IFI 指数衡量普惠金融发展水平。从东部、中部、西部以及东北地区四个区域来看，东、西部的普惠金融指数较高。异质性检验结果显示，普惠金融对东部、西部地区的就业促进作用更为明显，东北地区反而呈现就业下降状态。普惠金融发展可以显著提高产业调整强度，并带动就业增长。经济发展水平的差异影响普惠金融就业促进作用的实现。以地区国内生产总值与行政区域面积的比值作为经济密度的代理变量，与基准回归中根据人均国内生产总值的高低分组进行异质性检验的结果一致，经济发展水平越高，越有利于实现普惠金融提振就业。此外，本书还对普惠金融促进城镇化进程进行了研究，发现普惠金融通过促进农业人口在城镇就业、居住，对于实现城市高质量就业、经济高质量发展起到促进作用。

第 8 章，普惠金融与地方债务。进一步研究发现，发展普惠金融有助于降低地方政府债务规模，尤其是对于地方政府债务规模较小的城市，发展普惠金融对于降低地方政府债务规模的效应更强。剔除特殊年份(剔除样本缺失较多的年份)、替换被解释变量(地方政府债务规模指标)、滞后一期和滞后二期的稳健性检验表明，发展普惠金融有助于降低地方政府债务规模的结论依然成立，且这种效应存在持续减弱的特征。考虑空间关联的估计结果表明，发展普惠金融既产生了降低本地政府债务规模的直接效应，还产生了间接降低相邻地区政府债务规模的溢出效应。机制检验表明，普惠金融通过提升地方公共财政收入和提升地方第三产业产值比来降低地方政府债务规模，其中介效应分别达到17.80%、92.47%。异质性分析表明，发展普惠金融降低地方政府债务规模的效应具有区域性以及经济发展水平、商业发展水平及人口规模方面的异质性。

第9章，政策建议。对各章的研究结论进行总结，并提出相关政策建议。政策建议包括：全面推进城市产业结构升级，有序推进第三产业发展，因地制宜实施工业化发展规划，以农业产业化发展扩大农业就业需求，以生产性服务业与服务型制造业的协同发展带动产业升级。畅通资源配置渠道，支持产业结构合理化，继续消除隐形的城乡二元壁垒，推进区域一体化进程，建立统一的劳动力大市场，以劳动力市场供给侧的效率提升，推进产业结构合理化水平提升。扶持新兴技术产业发展，提高产业多样化水平。完善相应的制度体系，如社会保障制度应关注失业者再就业问题、针对特殊群体提供特殊就业服务等。

1.5 创新与不足

本书的创新点包括四个方面：第一，证明了“在调整中提振就业”的客观规律，这是对发挥市场对资源配置的决定性作用的论证。改革开放以来，我国建成了非常完备高效的产业体系，产业调整强度必定是处于较高水平的，这也是劳动力结构调整滞后于产业结构调整的根本原因。值得注意的是，在经济社会平稳健康发展的过程中，随着制度体系的不断完善、改革开放的深入推进，在“有为”政府与“有效”市场的协同作用下，必然能够高效配置劳动力资源。第二，城市产业多样化发展有助于提升行业之间的劳动力再配置能力，这是显著正向的就业促进效应。在城市产业多样化发展过程中，虽然增加了就业需求，但是由于人口向城市集聚的规模大于产业扩张的规模，表现出产业多样化促进城市失业增加的结果。本书的研究结论为建立人力资源协同的产业体系提供了新的理论参考。第三，普惠金融发展会显著促进城市就业水平提升，其中，产业调整是普惠金融发展的就业效应提升的重要机制，普惠金融发展可以显著提高产业调整强度，并带动就业增长。此外，普惠金融通过提高城镇化进程，促进农业人口在城镇就业、居住，对于实现城市高质量就业、经济高质量发展起到促进作用。第四，进一步拓展研究表明，发展普惠金融有助于降低地方政府债务规模，尤其是对于地方政府债务规模较小的城市，发展普惠金融对于降低地方政府债务规模的效应更强。发展普惠金融既产生了降低本地政府债务规模的直接效应，还产生了间接降低相邻地区政府债务规模的溢出效应。普惠金融通过提升地方公共财政收入和提升地方第三产业产值比来降低地方政府债务规模。

本书的不足之处：就业问题包括就业增长、就业稳定以及就业质量等方面，但是本书没有对就业质量进行探讨。一方面，采用城市数据评价就业质量需要建立多维度的评价体系，这在一定程度上增加了实证过程中的内生性处理难度，也降低了实证的可信度；另一方面，城市数据难以反映准确测算劳动力搜寻匹配的成本，有必要采用权威的微观调研数据或者人口普查数据进行分析，通过微观数据分析工作收入、社会保障、是否签订劳动合同、是否全职等，分析各类劳动群体的就业质量及其影响因素，为理解产业调整与高质量就业的内生关系提供现实依据。关于产业调整、产业多样化发展对就业质量的影响，也成为作者后续研究的方向。

第2章 文献综述

2.1 产业调整的影响因素研究

产业调整受到众多内外部因素的影响，现有研究普遍从供给侧、需求侧、要素禀赋、政策效应以及贸易开放等视角展开分析。

第一，从供给侧来看。产业结构变迁的持续性取决于不同部门之间劳动生产率增速是否存在差异(张鹏飞，2016)。国有企业改革加速了生产要素在国企与非国企之间的流动，提升了市场主体的经济活力，促进了要素资源在部门之间的配置效率(李鲁 等，2020)。企业层面存在的鲍莫尔效应[①]会促使企业通过增加技术创新方面的投资来改善生产技术和提高生产效率，有利于产业结构的调整，也会促进生产要素的跨部门流动(Lewis，1954；Rains et al.，1961)。城乡二元经济结构下的城镇化进程中，可以通过提高第一产业的要素投入效率、推动第二和第三产业的集聚效应来促进工业和服务业的发展，提高要素供给效率，带动产业转型升级(李鲁 等，2020)。

---

① 1952年，美国经济学家威廉杰克·鲍莫尔将利率因素引入交易性货币需求分析而得到的货币需求理论模型，论证了交易性货币需求受到利率影响的观点，从而修正了凯恩斯关于交易性货币需求对利率不敏感的观点。

第二，从需求侧来看。随着经济发展水平和消费者购买力的提高，对工业产品和服务的需求也会提高，从而形成恩格尔效应。需求侧的最终需求与三次产业增加值之间的关系依赖于最终需求中消费的比重，简而言之，最终需求结构是决定产业结构的直接因素，最终需求的调整直接引致产业结构调整(沈利生，2011)。在中国庞大的内需市场下，需求结构调整必然促进产业结构转型和生产效率的提高，这种影响大于鲍莫尔效应，但小于恩格尔效应。其中，最典型的就是住房市场，在我国快速城市化和城镇化的过程中，区域房价差异可导致相对就业人口减少并促使相关产业价值链向高端攀升，进而实现产业结构转型和升级(高波 等，2012)。

第三，从要素禀赋来看。要素禀赋是产业发展的基础，其对产业结构的影响表现出产业发展阶段的差异。例如，在传统要素影响产业结构的研究中，Helsley和Strange(1990)的研究认为，土地的稀缺性将制约产业集聚。人力资本作为产业国际竞争力的关键因素(刘克逸，2002)，与要素流动、技术进步和生产率的提高密切相关。人力资本的外部性是产业结构升级的关键(代谦 等，2006)，其适配能力高则可以推动产业结构升级(杨爽 等，2010；靳卫东，2010)。人力资本是推动产业结构优化升级的主要因素(刘桂芝 等，2004；唐辉亮，2014)，而人力资本配置不当将引起产业结构失衡(张俊莉，2004；李福柱 等，2008；张鸿敏 等，2012)。此外，与传统要素禀赋相比，金融市场对产业结构的影响机制不同，主要通过技术创新的水平效应和结构效应，为各类产业规模扩大提供资金支持。实证研究表明，在就业结构方面，第三产业受金融发展的影响最为显著，在产值结构方面，第一产业受金融发展的影响最为显著(Greenwood，1990；Jovanovic，1997；曾国平 等，2007；邓晶 等，2019)。银行信贷的规模与第一产业比重变动呈现负相关关系，与第二产业比重变动呈现正相关关系(刘梅生，2009)。除此之外，互联网技术促进了我国产业结构升级，却制约了产业结构合理化发展(徐伟呈 等，2018)。

第四，在政策因素方面。关于经济结构的调整是否要启用“政府之手”向来是学术界的研究焦点。在西方资本主义市场经济体中，“政府之手”是公共服务的主要提供者，而在中国这样的发展中国家，“政府之手”不仅要提供公共服务，也要扶持产业发展和推动产业转型，是经济活动的重要参与者(隋建利 等，2020)。中国改革开放 40 多年的成绩说明，中国政府对经济的政策干预存在积极的推动作用。政府对产业结构变迁的作用往往通过财政政策和货币政策实现。就货币政策而言，利率和汇率是“政府之手”发挥作用的有力工具(张辉，2013)。无论是价格型货币政策，还是数量型货币政策，都会对产业结构变迁产生显著的影响(隋建利 等，2020)。就财政政策而言，政府的生产性财政支出和福利性财政支出都有利于促进产业结构变迁，行政性财政支出则显著阻碍了产业结构变迁(严成樑 等，2016；王金波 等，2018)。另有研究表明，政府有关最低工资制度的确立，促进了工业产业的发展，但是对农业和服务业的发展产生了抑制作用。在经济落后地区和经济发达地区都存在农业抑制效应和工业增长效应，而最低工资制度对服务业的抑制效应是普遍存在的，且最低工资制度对于产业内部的结构变迁具有一定解释力(刘贯春 等，2018)。

第五，在对外开放方面。在开放的经济条件下，国际贸易会通过供需之间的关系对产业结构进一步产生影响。首先，基于比较优势的贸易开放有利于高效率或具有价格优势的产业或企业继续扩大产出规模；其次，国际贸易能够提升国内市场供给与需求，进而促进产业结构的转型升级。外商直接投资(FDI)推动了中国的产业结构升级(文东伟 等，2009；张鹏 等，2019；叶初升 等，2020)，FDI 能够促进第二产业的就业，从而使得就业人口向非农化转化，但是其对我国第三产业的影响相对不足。FDI 主要集中于第二产业，这种产业之间的 FDI 非均衡分布可能不利于我国农村剩余劳动力的转移及产业结构的进一步优化升级。

2.2 各类产业发展的相关研究

各子类产业的相关研究主要涉及农业产业结构变迁、制造业结构升级、污染产业变迁、高新技术产业变迁等，为了解我国产业结构转型升级提供了丰富的理论基础。

关于农业产业结构变迁。农业作为我国的基础性产业，其重要性不言而喻。众多学者利用我国各级农业数据对农业部门结构变迁的经济影响进行了实证研究，以此来揭示农业部门结构调整对地区经济发展(王红玲，1997)、农民收入增长(张建武，2000；李国祥，2005；刘慧娟 等，2008；李生梅 等，2010；刘楠，2010)、节能减耗(刘松颖，2013)的影响。还有学者从产业融合发展的视角探究农业产业变迁，指出三次产业在农业产业化发展的过程中渗透融合(于刃刚，1997)，推动农产品深加工、销售及农村旅游，有助于农户分享融合发展的经济收益(郭军 等，2019)。农村产业融合对我国农户收入具有显著的提升作用，尤其是对中低等收入水平的农户以及在农业产业融合发展水平较高的地区，提升作用更加明显(谭燕芝 等，2020)。农业产业化发展存在多种融合发展模式，例如传统农业与高新技术产业的融合、农业与服务业的交叉融合、农村内部产业的融合等(孙中叶，2005；梁伟军，2011)，全面实施乡村振兴的核心依然是农村的产业振兴(夏庆杰 等，2021)。

关于制造业结构升级。中国成为“世界工厂”这一说法最早出现于日本通产省白皮书，由此也激起了西方资本主义国家对这种说法的争相报道，甚至导致了“中国威胁论”这种极端说法的出现。中国的学术界对于“世界工厂”这一说法形成了两种截然不同的观点。一种观点认为，中国远远不是全球制造业的生产基地，“世界工厂”“全球制造中心”进而到“中国威胁论”等都是言过其实的观点(吕政，2001；金芳，2003)。另一种观点认为，中国已经具备了“世界工厂”的条件，相比于英国技术上的先进和美国管理上的先进，中国的劳动力资源是得天独厚的(刘昌黎，2002；杨丹辉，2005；江静 等，2010；程大中，2015)。关于中国制造业结构升级优化的观点包括:第一，推动制造业与金融服务业深度融合，有助于制造业转型升级和经济高质量发展(杜传忠 等，2021)。李作战(2007)提出，要抓紧 FDI 趋势与我国产业结构调整之间的重合性，在我国有条件的地区进行产业集群化发展，完善自主创新体系，内源型和外源型经济并重是我国制造业升级的实现路径。第二，我国制造业企业在国际竞争中取得成功的关键要素是创建全球性品牌(吴友富 等，2008)，品牌建设要以高附加值为保证，以技术提高作为支撑

(许仙平，2007)，社会和政府也应该为企业提供培育品牌所需要的制度条件(刘志彪，2005)。第三，服务业的发展对我国制造业结构调整和升级具有重要的作用，对于经济发展水平不同的地区，应因地制宜地采取服务业扶植政策，由此来间接促进制造业的转化升级(吴曙光，2009)。另外，人力资本可以细化，提高企业生产效率，提升自主研发水平，支撑制造业的升级(高传胜，2008)。第四，在产业价值链的视角下，我国制造业应该发挥比较优势，占据产业链中的主导地位，以确保我国企业在与跨国公司形成的利益分配机制中获取合理的收益(赵文成 等，2008)。在企业层面上，通过培育战略性资源增强企业核心竞争力；在产业集群层面上，通过培育创新性产业集群促进产业升级；在国家层面上，通过构建创新系统来提高我国制造业的国际竞争力(张学敏 等，2008；孙文远，2006；王旭 等，2021)。我国制造业的发展重点是获取稀缺要素，通过优化要素结构来促进我国制造业的优化升级(张幼文，2005)。

关于污染产业变迁。Copeland 和 Taylor(1994)基于环境“库兹涅茨曲线”构建了静态模型，研究环境与国际贸易之间的关系，对污染产业迁移的相关研究由此展开。“污染避难所假说”基于国际贸易理论，是在研究美国等发达国家的对外投资行为中得出的相关结论。当然，以不同的发达国家作为研究对象，也会得到不同的研究结果，比如，外商投资也有可能带来更为高效和清洁的能源(Eskeland，2003；Grether et al.，2003)。以上研究是基于国家之间的，将污染产业的迁移置于一个国家内部，将不可避免导致区域之间产业结构的转型与变迁，环境政策下的区域要素流动也必定是影响产业变动的重要因素。Martin 等(2014)的研究表明，如果在欧盟这一经济体内部实行差别化的二氧化碳减排政策，就会导致污染产业的区域性迁徙，最终导致不容乐观的碳泄漏问题。国内相关研究表明，在我国区域间非平衡发展格局下，我国地区间环境规制强度的差异是驱动污染产业向环境规制较弱的地区转移的原因(刘巧玲 等，2012；古冰 等，2013；刘颖 等，2014)，产业转入与转出引致产业结构调整。地方政府基于环境的竞争也促使污染产业在区域之间迁移，邻近的地方政府对于环境政策具有一定的传导性(李胜兰 等，2014)。环境问题具有很强的区域性，并且外部效应突出。地方政府可能以降低自身环境标准为代价换取短暂的经济快速发展，最终可能会导致环境的恶化(杨海生 等，2008)。地方政府在吸引外资时，可能通过环境政策展开竞争，导致不同地区之间的环境规制强度“逐底竞赛”，但是在高 FDI 水平的城市，这种现象较少(朱平芳 等，2011；Cole et al.，2011；陈刚，2009)

关于高新技术产业变迁。当今，科技和经济是衡量综合国力的重要指标，高新技术产业的变迁对我国提升经济实力和提高综合国力都有着重大的意义。关于高新技术产业的研究主要关注其影响因素、对经济增长的贡献以及对传统产业的影响等方面。高新技术产业的驱动因素主要包括外资水平、科学技术水平、研发投入、人力资本和政府政策等。第一，外资水平的影响。外资水平对产业的影响可以分为“促进”和“阻碍”两种。持有“促进”作用观点的学者认为，外资水平的提升可以通过提高流入国的技术水平和技术效率(Caves，1974；Blomstrom，1983；Fosfuri et al.，1999；潘文卿，2003；王红领 等，2006)，加速新技术向流入国企业的转移。持有“阻碍”作用观点的学者认为，外资的进入只对流入国少数企业生产率的提升有正向作用，对大部分内资企业产生了负面影响(Aitken，1999；Harris，2004；包群，2002；张海洋，2005；蒋殿春，2005)。第二，科研和人力资本的影响。研发支出对产出增长不具备规模效应(Charles，1995)，但是顺应经济周期，与经济增长具有相互促进的作用(Walde，2004；Freire-Seren，2001；吴延兵，2006；朱有为 等，2007)，研发投入的过剩或者不足都有可能造成产业发展水平的不确定性(Coccia，2009)。增加人力资本投资或者跨部门配置人力资本投资，均会对部门产出起到正向促进效应(Bucci，2003；罗雨泽 等，2016；郭丽燕 等，2020)，这种促进作用一部分来源于对产品创新的推动作用(Parisi et al.，2002)。第三，政策效应的影响。现有研究表明，高新技术产业发展促进经济增长，带动传统产业发展，进而推动产业结构的调整和优化。政府的财政政策对研发补贴产生影响(Czamitzki，2004；Bennis，2006；张同斌 等，2012；邓菁 等，2019)，税收优惠政策刺激产业的创新研究(Jenkins，2006；孙伯灿 等，2001；王晓滨 等，2004；戴晨，2008)，金融支持政策降低高新技术产业升级的融资约束(Audretsch et al.，2004；凌丹 等，2020)。通过文献梳理发现，高新技术产业对国民经济的带动作用存在三种机制。第一，高新技术产业的发展直接促进国民经济的发展和全要素生产率提升(Steindel，1992；Chongvilaivan，2008；王燕 等，2020)。第二，高新技术产业的发展带动传统产业发展，其存在的溢出效应促进国民经济增长(Tsai et al.，2004；Hauknes，2009；金碚，2003；徐顽强 等，2008)。第三，高新技术产业对劳动力或其他要素配置优化产生影响(Berndt et al.，1992；Coad et al.，2007)。高新技术产业是经济增长的主导产业(赵玉林 等，2008)，与产业结构升级有明显的正向关系(李邃 等，2011)，高新技术产业的集聚效应推动着我国城镇化进程(朱喜安 等，2021)。

2.3 产业调整对经济发展的影响研究

研究产业调整不仅是探究不同国家或地区经济发展差异的重要方式，也是分析国家或地区实现经济赶超、经济加速发展的重要方面，更是了解经济增长质量的重要内容。狭义的经济增长，主要是指经济总量或人均量的增长，从整体上刻画一国或地区内的资源配置效率、技术利用情况。在经济增长过程中，区域性的产业结构差异也会反映出生产组织方式的差异，从而对要素和技术有不同的要求，进而决定这些投入要素利用效果的好坏。从广义的经济增长来看，产业结构变迁或调整通过区域性的经济增长来产生影响。根据经济发展经验，经济增长可分为初始增长、高速增长和经济发达三个阶段。初始增长阶段的经济结构单一，农业在国民经济中占据主导地位，且经济增长缓慢。进入高速增长阶段，产业结构发生明显变化，二、三产业比重增长迅速，农业占国民经济的比重逐渐减少，经济结构不断“工业化”，城镇人口增加，产业结构调整使得各种要素从低效率部门(农业)不断转移到高效率部门(工业)，经济增长反过来也会加快产业结构的演进。进入经济发达阶段后，经济增长已经不单纯依靠要素的投入，服务业已经占据主导地位，经济结构“服务化”程度不断加深。不难发现，经济发展过程中伴随着产业结构的自然演化，在不同的发展阶段，资源配置方式和效率存在显著差异，产业结构调整就是经济转型的表现，通过优化和升级产业结构，提高经济发展质量，促进经济从数量型增长向质量型增长转变。关于产业结构影响经济增长的研究，最早可以追溯到1942年Fabricant使用偏离-份额分析法进行的研究。在一定条件下，随着工业部门规模收益的增长，引致工业部门的生产规模扩张(Matsuyama，1992)，投入要素从低生产效率部门向高生产效率部门转移(Peneder，2002；申飞，2008)，这个结构调整过程也会促使劳动力要素发生转移(Baumol，1967；Mitchell，2007；郭熙保，2002)，能够实现结构转变，进而推动经济的发展。最好的证明莫过于OECD国家的农业劳动力向工业和服务业的转移使得GDP增长25%(Dowrick，1989；Dowrick et al.，1991；张明 等，2019)。各国收入差异的产生在一定程度上归因于结构转变的不同(Caselli，2005)，产业和行业间的资源错配会导致各国全要素生产率存在差异(Hsieh et al.，2010；Chen et al.，2011；田友春 等，2021)。产业结构的偏差是影响中国经济数量增长和质量改善的主要障碍(田江海，1985；郭克莎，1995；张长生，2001；钞小静 等，2008；李俊霖 等，2009；沈利生，2009；刘燕妮 等，2014)，我国二元结构下形成的结构性偏差阻碍了经济增长质量的提升(邵晓 等，2009；张为杰 等，2012)，消除二元经济结构是东亚"四小龙"数十年持续高速增长的重要原因(Young，1995)。产业结构的升级，将促进资源的有效配置，促进经济可持续发展和高质量增长(龚迎春，2009；张振，2015)。有学者指出，中国传统产业的迅速转型是经济高速增长的核心驱动力(Sachs，1994)。也有学者发现，改革开放以来，我国产业结构的变迁对我国经济增长的贡献显著，但是随着改革的不断深化，这种红利在逐渐消失(刘伟 等，2008；干春晖 等，2009；郑若谷 等，2010)。一方面，产业结构的变迁直接影响经济高质量发展；另一方面，产业结构变迁改善生产要素的配置效率，对经济发展产生间接影响(张红霞 等，2020)。随着中国特色社会主义市场经济改革的深化，产业结构变迁对经济增长的贡献不断减小，技术进步的贡献逐渐增大(刘伟 等，2008)。此外，产业结构影响收入结构，且存在明显的差异。例如，产业结构升级(高级化)对居民收入差距的影响存在空间异质性，提升产业结构合理化程度对收入分配具有改善效果(吴万宗 等，2018；蔡悦灵 等，2018；叶含亮 等，2019)。

2.4 产业调整对城市化进程的影响研究

产业结构变迁和产业集聚推动城市化进程。首先，产业结构变迁推动就业结构变迁(曾令华 等，2007；何景熙 等，2013)，工业化的过程也就是产业结构转变的过程(Chenery，1975；田明 等，2010)。劳动力结构随着产业结构变动而变动，其中最明显的特征是农村劳动力流向城市二、三产业，这正是城市化的表现之一，也印证了配第-克拉克的三次产业结构的演变规律。学者们认为，产业结构演变通过完善城市功能，对城市化发展起到了重要的推动作用(洪银兴，2002；彭晖 等，2011)。城市主体功能引导产业结构变迁，产业结构变迁反作用于城市主体功能，直接对城市化进程产生影响(陈家海，2008)。从时间维度来说，产业结构演变与城市化发展呈现出阶段性的耦合特征。结合配第-克拉克的产业结构演变规律与 Northam 提出的城市化阶段论可知，在城市化初期，整体产业结构以农业为主；到了城市化中期，以第二产业为主，第三产业比重高于第一产业；城市化后期，整体产业结构以第三产业为主，形成“三二一”的产业结构(李培祥 等，2003)。第一产业对城市化的推动力较弱，原因在于其过于依赖土地，生产效率提升有限(秦宪文，2004)。第二产业将劳动力从农业中解放出来，大大推进了城市化进程(姜爱林，2002；欧阳晓 等，2006)。在城市化进程中，第三产业对劳动力的吸纳能力会逐步超过第二产业，在城市化后期主要依赖第三产业的发展(曾芬钰，2002)。

产业集聚是城市化发展过程中规模经济效应的体现。首先，产业集聚意味着劳动力、资金、技术等经济要素向特定区域集中，直接对城市化发展产生推动作用。城市集中大量高素质劳动力，厂商可以迅速集中财力和物力，找到合适的技术工人(Krugman，1993)。出于对运输成本和信息交流成本的考虑，厂商会在城市里集聚起来(Fujita，2001)。其次，产业集聚是保持竞争力的有效手段。产业集聚能够提升城市竞争力、降低城市化成本，并且能够更加高效率地利用土地和能源，由此推动城市人口规模增长和空间拓展(赵淑玲 等，2005；朱智文，2007；苏雪串，2003；吴丰林 等，2011)。在规模经济的驱动下，城市整体竞争力不断提升，各类要素配置效率不断提升，进一步加速生产要素继续向城市集聚，为城市化进程提供了持续的发展动力。最后，产业集聚带动城市土地、空间的优化分配，集约化的生产方式会对城市空间形态或者结构产生一定影响。

2.5　产业结构与就业结构的关联性研究

劳动经济学是研究劳动力市场中劳动力供需影响因素以及相互作用关系的经济学分支，包括劳动力供给与需求、就业、工资、人力资本投资、失业、收入分配等。劳动力作为经济活动的关键要素，依据某种方式和比例配置到各行业，形成区域性的就业结构。关于就业结构的研究可分为三个方面：第一，中国就业结构的演进过程研究；第二，地区之间就业结构的比较研究；第三，产业结构与就业结构的互动研究。在经济结构演进过程中，人力资本构成对就业结构演变具有决定性作用(张玉英 等，2002；高帆 等，2009；李志伟，2016；马力 等，2017)。

有学者从农村地区(苏长权，2002)、主要行业(张华初，2008；吕世斌 等，2015)等视角对劳动力就业变化进行研究。研究表明：出口、投资和消费对就业有积极推动作用，其中，出口的作用最为明显。从行业来看，我国制造业产业的整体就业结构演进较为稳定，但在产业内部，由于技术水平差异表现出明显的“极化”现象(吕世斌 等，2015)，高技术与低技术行业的就业比重均呈现出大幅提升的趋势，而两者之间的中技术产业的就业比重增长远不及两端产业，即不同行业就业结构呈现出“N 型极化”(郝楠，2017)。从全行业就业结构来看，中等收入就业群体的规模增长速度相对快于就业结构升级速度(屈小博 等，2015)。对于新时期中国就业“极化”现象，学术界主要关注产业结构升级、信息技术水平、城镇化进程、贸易开放程度、对外投资力度与离岸外包等因素，并且尝试对就业结构的两极分化现象给出解释(江永红 等，2016；郝楠 等，2017；李宏兵 等，2017)。随着经济增长和改革开放的推进，劳动力市场伴随着就业总量增长和结构多元化(蔡昉,2007),同质劳动力在不同产业之间的报酬趋于均等化(张玉英 等,2002)。关于地区之间就业结构的比较研究中,方秀娟(2006)将城镇化进程与就业结构一同考虑,研究发现,城市化发展水平越高,城市二、三产业的劳动力占比越高,依据不同产业劳动力占比依次划分出6类地区。刘文和田利珍(2009)则通过对长三角、珠三角和环渤海区域就业结构的比较分析,指出地区间就业吸收弹性差异较大,并提出协同促进产业转型升级和就业结构调整良性循环的对策建议。

总体而言,就业结构与产业结构的转变方向一致。反映劳动力分布的就业结构受到各种因素的影响,其中,科技进步或者新技术应用被认为是影响最大的因素。应用新技术会推动旧的就业结构的调整,不仅能创造就业机会,也会导致部分就业岗位消失(Mortensen et al.,1999)。大量研究分析了影响产业结构与就业结构的因素,如技术进步(叶仁荪,2008;Manuel Castells,1994;Piznta et al.,2001)、消费结构(范剑平,1994)、制造业发展战略、对外开放程度、市场文化程度和劳动者素质(邹璇 等,2016)。

第一,从全国层面来看。

我国的经济改革进入关键时期,产业结构和就业结构之间的不协调逐渐显露出来,吸引了大批学者从这一角度进行研究。产业结构升级对劳动力就业有促进和挤出两方面的作用。邹一南等(2012)指出,产业结构升级的总就业效应为负。自20世纪90年代以来,除了长期人口因素的影响(蔡昉,2005),产业结构调整加速了就业结构的调整(卜鸥,2006)。同时,我国就业结构的变化取决于我国三次产业就业增长的潜力(宋晓丽,2004)。在工业化过程中,产业结构升级对就业的吸纳作用是递减的(李勇,2007),甚至会降低就业率(郭将,2017)。产业结构的调整会使劳动力向两个极端方向发展,高端人才和低端人才就业增加(赵鹏飞,2011;江永红,2016),中等层次人才的就业逐步下降。因此,在产业结构调整过程中,要注重人力资本的积累,缓解劳动力素质和工作岗位要求不相匹配的境况(王亮 等,2010),劳动者要结合自身的情况来主动解决就业问题(王温翠,2007)。关于产业结构与就业结构偏离度的研究中,结构偏离法是研究三次产业变动引起的就业结构变动的重要方法(刘智慧，2015；丁海燕，2017)，许多学者通过测算结构偏离度指数，发现我国的产业结构和就业结构存在偏离(何筠，2004；王晓君 等，2006)。其主要表现为：就业结构比产业结构发展更为缓慢，大量农村剩余劳动力转移，导致非农产业人口快速增长，但是在过去长期的二元结构影响下，却出现了大量的非农产业闲置人口，其根本原因在于农村转移人口在城市的就业稳定性较差。此外，第三产业发展的滞后性也在一定程度上阻碍了我国劳动力的流动(蒲艳萍，2005)。根据现有研究，可将影响就业结构与产业结构失衡的原因归为制度因素(王庆丰，2010；崔宏桥，2014)、发展战略(陈悦，2014；李力行，2015；石林，2016)、经济政策(曾蕾，2013；王巧玲，2015)、科技水平(张桂文 等，2014；战乃玉，2014)、投资与消费(王庆丰，2009；宋健，2016；袁晓夏 等，2017)等。具体而言：第一，城市化滞后性导致就业结构偏差(吴宏洛 等，2004)，劳动力无法自由在三次产业之间转移，富余劳动力转移不够充分，特别是农村剩余劳动力转移缓慢(喻桂华 等，2004)，劳动力无法转移到第三产业(李勇，2007)，使得结构偏离得不到改善。城市发展落后也会影响劳动力在各个产业之间的流动效率(王来法 等，2004)。第二，服务业发展缓慢，对就业的吸收力不够(喻桂华 等，2004；蔡昉，2007)，导致转移劳动力的就业稳定性不足。第二，技术进步加剧产业结构和就业结构失衡，其根本原因在于技术进步引致各产业对劳动力的需求结构发生改变。我国在向工业化后期迈进的过程中，新技术应用发挥了关键作用，先进技术被广泛应用于制造业，形成机器替代劳动力、资本替代劳动的技术资本密集型发展模式，而现实中劳动力供给结构调整却滞后于需求结构调整，这也是我国就业结构调整缓慢的原因(蔡昉，2007；杜传忠，2017；Piznta et al.，2001)。

第二，从地区层面来看。

产业结构升级对不同地区的经济影响程度是有所差别的，存在明显的地区差距(高更和 等，2006)。学者们分区域对我国地区产业结构和就业结构的状况进行了细致深入的研究。关于东部地区的研究中，学者们用上海市(夏业良，1999；王大奔，1998；高清 等，2002)、福建省(蒋勇，2009)、山东省(刘爱芝 等，

2006；李晓壮，2017）、广东省（魏清泉 等，1996；周树高 等，2008）的数据建模，测算了不同产业中劳动力结构的变化与分布特征，并对就业结构和产业结构的变化趋势进行了预测，以此提出了相应的解决办法。关于中部地区的研究中，学者们用河北省（韩凤朝，2005；吕红平，2002）、江西省（何箔 等，2004）的数据，发现两地产业结构与就业结构之间不合理的原因在于就业增长速度滞后于产业结构升级。关于西部地区的研究中，有学者指出新疆维吾尔自治区（马海霞，1999；光莲，2003）、四川省（封晓庆，2006；王晓君，2014）和云南省（杨先明，1997）存在的产业结构与就业结构偏差，主要原因是就业结构调整滞后于产业结构变动。由此可见，各地区存在就业结构调整滞后于产业结构变动的普遍现象。虽然许多理论研究认为，在充分就业的条件下，产业结构与就业结构之间的变动会是协调的（夏建红，2018；徐蓓蓓，2006；黄鑫，2014；李志伟，2015；乔小勇，2014），但是现实中，产业之间存在普遍的就业结构失衡，这会导致产业结构升级的失衡和结构性就业矛盾的出现（何璇，2014）。

第三，从产业结构和就业结构的协调性来看。

王军和詹韵秋（2018）基于我国1989—2015年的相关数据，运用协整理论和VEC模型进行了实证分析，着重从就业结构的质和量两个角度，讨论了消费升级和产业结构调整的影响。研究发现，优化产业结构对增加就业数量和改善就业质量都起到积极的作用，且就业质量改善效应是就业数量增长效应的5.93倍。孙威和何熠（2019）选取2010—2018年我国29个省（自治区、直辖市）的年度数据，采用C-D生产函数进行实证分析发现，全国范围内的产业结构升级与大学生就业之间的关系为正相关。杨海波和王军（2018）基于中国1989—2015年的时序数据和2000—2014年31个省（自治区、直辖市）的面板数据研究发现，产业结构与就业结构的关系与考察期限密切相关。在较长的时间范围内，我国产业结构的调整与就业质量之间呈现长期均衡关系，短期内产业结构的调整有利于稳定就业质量的波动，这种影响作用呈现西部、东部、中部逐渐减小的区域异质特征。马永霞和马立红（2016）使用可视化呈现技术（Citespace Ⅲ）发现，产业结构与就业结构长期处于失衡状态，表现出协调性较差的特点，东、中、西部地区产业结构与就业结构的协调系数存在较大差异，服务业的发展有助于我国产业结构与就业结构协调发展，且促进作用明显，城市化水平的提高也可以改善两者之间的偏离。景建军(2016)对我国的产业结构与就业结构之间的协调性进行了研究，认为其同样存在产业间的差异，表现为第一产业协调性较差，第二产业位于两者之间，第三产业协调性最好等特征。张洪潮和宗香涛(2014)从改善这种长期不协调的关系入手，发现城镇化发展是产业结构和就业结构协调性的格兰杰原因，并且城镇化发展对第二产业的促进作用更强。刁兴雯(2021)在此基础上，选取湖南省数据作为研究产业结构与就业结构协调性的样本，并运用 Lasso、灰色预测(GM11)、SVR 等机器学习方法进行分析，发现地区经济发展水平、地区劳动力人口素质、政府干预程度、技术发展水平是影响两者协调性的主要原因。为此，刁兴雯(2021)进一步提出，应该加大对劳动力的素质教育，提高技术发展水平，带动经济快速发展，同时降低政府的干预程度，提高第一产业生产效率，将未就业劳动力跨行业进行转移配置，并且充分意识到第三产业急需劳动力的现状，建立并完善第三产业的就业机制，真正起到产业结构发展带动经济发展的作用。卫平等(2015)从协调性和冲击性两个视角，分析了中国产业结构和就业结构的关系，发现两者均已呈现“三二一”的发展趋势，但是产业结构与就业结构存在失衡，就业结构调整显著滞后于产业结构调整。

学者们也从区域层面解释了产业结构与就业结构之间的协调性。温清(2021)在计算乌鲁木齐市产业结构与就业结构的协调度时，运用“结构偏离度”和“整体协调度”两个指标，计算发现两者仍处于低协调水平；利用产业结构与就业结构两者的 Moore 结构值，采用灰色关联分析法，测算发现乌鲁木齐市就业结构的调整滞后于产业结构调整 11 年。周琪珺和唐凌飞(2021)基于 1997—2017 年江苏省产业结构与就业结构数据，分析了江苏省的产业结构与就业结构的协调性变化趋势，认为江苏省 20 年间第一产业偏离度为负值，第二、第三产业偏离度为正值且渐趋于 0。总体仍然呈现第一产业较为落后且积存大量剩余劳动力的现象；第二产业发展成熟，产业结构由不协调逐渐调整为协调；第三产业的总体偏离度呈现上升趋势。侯立正(2019)运用就业弹性、结构偏离度、协调系数三个指标来测算天津市一、二、三产业结构与就业结构的协调性水平，发现三次产业就业弹性表现出“一低二升三稳定”的特点，结构偏离度呈现出第一产业呈平缓下降趋势，劳动力转移速度较慢，第二产业呈现小幅上升趋势，第三产业先升后降，后期下降主要在于第三产业对于就业劳动力的学历以及技能等要求的提高，但总体表现仍为第三产业劳动吸纳能力最强。

产业结构与就业结构的协调发展，是实现我国产业结构升级以及劳动力充分就业的目标的必经之路，尤其是在我国经济进入发展新常态后，除了注重经济高速发展以外，实现结构优化也是重要目标。胡玉琴等(2017)为改善两者之间的协调性提供了新思路，认为以往的研究中忽略了定和条件约束下成分数据的几何特性，产业结构与就业结构之间协调性的改善还可以从协调系数的改进入手。胡玉琴等基于成分数据理论，提出改进的测度产业结构与就业结构协调关系的协调系数指标，与以往的协调系数相比，其可观测值的范围扩大。

第四，关于产业结构和就业结构的偏离度的研究。

产业结构与就业结构存在显著的内生关系，即产业结构与就业结构的关系更多体现为两者相辅相成，合理的产业结构会带动就业，不合理的产业结构则对就业产生不利影响；同样，就业结构与产业结构的匹配程度也可以对产业升级带来不同影响。学者们通过研究发现，我国的就业结构与产业结构存在一定的偏离，总体表现为就业结构调整滞后于产业结构升级，这阻碍了劳动力的流动，妨碍了劳动生产率的提高(黄锡富，2014)。谢君君(2018)以海南省为例，分析发现三大产业的劳动生产率明显不同。第一产业的劳动生产率最低，产业内积存的大量劳动力亟待转移；第二产业和第三产业相比，其产业结构与就业结构的协同性较差，就业比重也不及第三产业；第三产业的产业结构与就业结构之间的协同性最好，其中，以旅游业和房地产为主导的行业吸纳劳动力的潜力较大，但行业就业结构性矛盾依然突出。王章豹等(2017)利用 1998—2014 年我国普通高校工科各层次的招生规模、增长速度及其比例等数据，考察产业结构与就业结构的偏离度，研究分析发现三大产业均存在不同程度的结构偏差，就业结构调整滞后于产业结构升级，引致大量隐性失业和结构性失业，进一步制约了经济持续发展和产业结构升级。肖华(2015)对新乡市 2000 年以来产业结构和就业结构的演进进行了分析，发现二者存在一定的偏离。第一产业劳动力富余且存在转移压力，第二、三产业就业空间有待拓展；产业结构转换系数与第一产业就业比重、第二产业增加值比重和第二产业就业比重存在长期稳定的协整关系，第二产业增加值比重是就业比重的格兰杰原因。结构偏离度指标能够有效反映产业结构与就业结构的不平衡关系。沈滨和李许卡(2014)发现，第三产业对劳动力吸收空间巨大，技术进步和资本深化对劳动力产生了替代作用，这是我国就业结构调整滞后于产业结构调整的原因。李付俊和孟续铎(2014)指出，目前我国高校毕业生难以满足产业结构调整的需要，产业结构调整过程中产生了以低端岗位和高端岗位为主的需求结构，而大学生的知识能力水平与这种需求结构形成了错位，这就造成了就业结构与产业结构的偏离。马胜春(2014)梳理了国家统计局公布的地方年度生产总值数据、第五次和第六次全国人口普查数据以及就业结构和产业结构变化数据，利用产业结构偏离度讨论了产业之间存在的隐性失业现象。也有学者认为，产业结构和就业结构之间偏离的主要原因是工业化进程中的历史遗留问题，即农业发展在历史上曾受到一定程度的抑制、劳动力市场化改革落后于商品市场化改革、技术进步对中等技术劳动力的替代等(张淑芹，2021；郭丽燕，2021)。

也有学者从其他角度对产业结构和就业结构的偏离给出解释。姜鹏飞等(2015)从产业结构变动和产业技术变化两个角度，探究产业升级对就业的影响，研究发现产业升级与就业波动之间存在显著关系，产业结构升级和产业技术进步能扩大就业规模；京津冀分组研究表明，三地的产业升级对就业波动的影响差异性较大。王柄楠(2018)着重探讨了产业结构变化对第三产业就业的影响，利用 VAR 模型进行实证分析并得出结论：产业结构升级对第三产业产值的影响较为复杂，表现为先正向促进后负向抑制；从短期和长期来分析产业结构升级对就业结构的影响发现，短时间内产业结构升级会导致一定的失业，长时间内则会促进经济发展。高原和吕伟杰(2021)采用 1978—2019 年我国三次产业就业人数等数据，利用 VAR 模型对产业结构、经济增长、就业结构三者之间的动态影响机理进行分析发现:第一产业存在大量剩余劳动力，正在向其他产业转出；第二产业拉动就业的潜力有限，趋于饱和状态；第三产业具备很强的劳动力吸纳潜力，未来还具有挖掘的空间。产业结构升级对就业结构的影响存在时滞，两者的变化并不总是同步。王静文(2017)对中国经济、产业-就业结构与就业之间的联动机制进行研究，指出我国目前经济总量依旧较大，对就业仍有拉动力，产业结构和就业结构的同步能够加大这种拉动力，此外，还需要积极的就业政策和经济体制改革的相互配合。

2.6 就业质量影响因素与评价方法研究

党的十九届五中全会以来，国家提出“高质量就业”的新要求，提高就业率不再是最主要的政策目标，努力提高劳动者的就业质量成为就业政策的首要目标。许多学者对就业质量进行了研究，主要包括就业质量的影响因素和评价体系以及特殊劳动者群体的就业质量，包括大学生和农村劳动力等。

第一，就业质量的影响因素。

刘涛和王德政(2021)以中国城镇化进程中的流动人口为研究对象，通过构建工作收入、工作时间和社会保障三维度综合就业质量指标体系，从流动人口受教育年限与工作经验两个角度，探讨了两者对于流动人口就业质量的影响。研究发现，无论是从工作收入、工作时间，还是从就业保障水平来看，受教育年限对三者的影响都十分显著。同时，工作经验对就业质量也有积极影响。综合来看，受教育年限对就业质量的影响更大，从边际回报的角度进行分析可以发现，多接受一年教育的边际回报约为多积累一年工作经验的 9 倍，因此，该研究提出应加强乡村青少年、留守儿童的教育投入力度，从而更好地应对未来可能面临的就业压力。就业质量与当前新技术应用、人力资本普遍提升以及经济发展环境密切相关。戚聿东等(2020)从数字经济入手，发现新经济的发展创造了许多新岗位和新职业，有利于优化就业环境，提升劳动者的就业能力。数字经济能够促进就业质量的提高。劳动者不再限制在固定的办公场所，对就业环境与整体生产效率产生了影响；劳动者的薪资待遇和所掌握的技能直接挂钩，掌握相关的技术可以很大程度上提高劳动者的工资水平。张新春和董长瑞(2019)认为，从人力资本的投资到真正实现人才的转变存在一定时滞，数字技术的快速发展与高技能人才的脱节会降低其对提高就业质量的积极影响。孟祺(2021)指出，数字经济的快速发展是一个更新与替代的混合过程，旧的不适应新发展需求的产业发展缓慢，新兴产业则会迅速吸纳更多的劳动力，因此，劳动者应该受到必需的教育培训，政府也应加快传统产业的转型，从而调整这种不平衡。

孔微巍和李南竹(2016)分析了就业质量的各指标在区域层面的差异，发现就业环境与经济发展正相关。经济发展较好的广东、江苏、浙江等地，就业环境也较好；就业环境排名靠后的甘肃、海南、宁夏、青海、西藏，经济发展也较弱。以就业单位为劳动者创造的就业岗位表示就业能力，表现出东西部差异，东部地区机会更多，这一地区为劳动者创造的就业岗位也更多。就业保护关注不同性别的劳动者是否能够在工作中得到相同的待遇，从研究结果来看，广东省对于女性就业保护政策执行较好。社会提供的就业服务也呈现东西部区域差异，东部地区的工会参与率较高，西部地区将失业人口的再就业问题放在考虑的首位，这与经济发展水平存在一定的联系。

第二，就业质量的评价体系与评价方法。

为反映某一地区的就业质量，学者们通常采用就业满意度、员工工资水平、劳动市场完善程度等指标进行分析。秦建国(2011)认为，可以从 GDP 增长速度、失业率、第三产业就业比重等总量指标以及就业前的主客观前提指标、就业岗位质量指标和就业满意度指标来衡量就业质量。赖德胜等(2011)认为，在评估某一个地区的就业质量时，可以从以下 6 个方面进行思考:统一竞争的劳动力市场是否形成、该地区是否进行了一定的人力资本投资、劳动者的就业机会是否增多、劳动者通过就业是否可以获得合理的劳动报酬、对于劳动者的社会保护措施是否完善、劳动者的就业权益是否有保障。作者除了讨论就业质量的评估以外，还指出从全国层面来看，大部分省份的就业质量偏低并且呈现出发展不协调的特征，因此，应该有针对性地进行调整，如加快转变经济发展方式、加强人力资本投资、保障劳动者权益以及建立“企业-高校”一体化的劳动力市场等。赖德胜和石丹淅(2013)在梳理文献时发现，早在19世纪末期就形成了就业质量的微观、中观以及宏观三层解释，涵盖了就业者的劳动薪酬、就业保护、社会保障等主要内容。朱火云等(2014)利用极差、极值比、变异系数、基尼系数、泰尔指数等指标衡量地区差异时发现，就业质量表现出全国总体层面偏低以及各地区之间存在较大差异两个特征。东部地区的就业质量表现出两极分化，北京、上海、天津的就业质量比较高，河北、山东、福建则表现出明显的低就业质量。此外，与西部地区相比，中部地区的就业质量更低一些。作者认为，虽然经济发展可以在一定程度上提高就业质量，但绝不是造成各地区之间就业质量差异的唯一因素，可以从区域间的就业质量差异与经济发展不平衡的现实状况检验这一论断。因此，各地区政府应更加关注提高就业质量，完善社会保险、服务就业政策，搭建起完善的就业保护网。朱金鹤等(2018)运用时序因子分析法和 ArcGIS 软件对就业质量进行时空差异的分析，研究结果表明，从2011年到2016年我国的就业质量总体呈现中等水平，区域层面也表现出东部地区就业质量最高，中部地区最低。张抗私和李善乐(2015)在测算辽宁省的就业质量时参考了信息理论中“熵”的概念，使用熵权法，并根据各指标传递的信息量大小赋予不同的权重，给测量就业质量提供了新思路。从结果来看，辽宁省总体就业质量指数呈现上升趋势，但是各指标之间的变化不尽相同，例如，就业公平指数对就业质量的影响更为显著，劳动者在工作岗位中受到的待遇决定着他们对于就业质量高低的评判。从企业角度来看，如果可以创造尽量公平的就业环境，则会显著提高劳动者的就业积极性；反之，长期不平衡的就业环境则会引发劳动者罢工等社会问题。作者还关注到失业人口中的长期失业者这一群体，如果劳动者失业期限过长，则会损害他们对于再就业的信心。为此，作者在对策建议部分提出，国家应该采取有效措施调整劳动者之间的收入分配，适当提高低收入者的收入水平。此外，应建立高效的劳动者就业服务，为失业者创造再就业的政策支持。杨艳琳和翟超颖(2016)运用层次分析法、ADF 检验、VAR 模型和脉冲响应等方法，借助中国1990—2012年的数据，分析了城镇化进程与就业质量之间的关系，研究发现，城镇化会带动就业质量的发展，作者认为这种促进作用是由经济发展引起的，为了改善就业质量，应该致力于转变经济发展方式，只有城镇经济健康发展，才能够奠定高质量就业的基础。

朱晨和岳园园(2017)讨论了就业质量的提高给社会带来的影响，研究指出，就业质量在一定程度上影响着劳动力对于社会信任的评判，收入一定时，高质量就业会提高社会信任感，更为重要的是，就业环境中存在的户籍歧视与性别歧视对就业质量和社会信任产生影响，因此，政府在努力提高人们的社会信任感时，应该关注这些社会问题，完善劳动收入的分配机制，争取消除城乡户籍差异以及女性就业歧视。

人口和就业统计司课题组(2020)的调研报告显示，就业质量在不同地区表现各异，经济发展水平以及产业结构都会影响就业质量。课题组还提出，劳动者所处行业的差异使得他们对于就业质量的评价不同。机关团体事业单位以及国有企业员工工作时间较为固定，用工单位各项规章制度较完善，就业质量较高；个体工商户没有正规单位，缺少劳动合同保护，就业质量较低；服务业从业人员工资低、劳动生产率低、整体工作时间较长、超时工作占比高等，造成就业质量较低。

第三，特殊群体的就业质量。

我国一直以来都是一个农业大国，农村人口占总人口比重相当大，随着产业政策的优化以及经济发展水平、城镇化水平的提高，农村人口就近就业率维持较低水平，大部分人选择外出务工。农业大国的基本特征意味着农业转移人口的就业率以及就业质量在很大程度上影响着总体就业质量水平。张经纬等(2021)指出，农业转移人口的就业质量不高，工作时间长且薪资较低，为了满足生活需要，农业转移人口要付出更多的精力，低就业质量极大地降低了农业转移人口的幸福感；和其他劳动者相比，农业转移人口受到的教育培训较为有限，工作的流动性过大，牺牲休息、娱乐、学习时间来换取收入的现象比较普遍。杨政怡和杨进(2021)总结了许多学者关于社会资本与就业质量的研究结论，创新地将农业转移人口更为细致地分为老一代农业转移人口以及新生代农业转移人口，通过分析中山大学 2016 年的中国劳动力动态调查样本，发现新生代农业转移人口整体的就业质量要优于老一代农业转移人口。将社会资本细分为人情资源与信息资源，实证分析发现社会关系网络中的人情资源可以在很大程度上提高新生代农业转移人口的就业质量，而信息资源对于就业质量的促进作用存在“门槛效应”，只有受到一定教育的新生代农业转移人口，信息资源才能对就业质量起到显著提升作用。

吴绮雯(2021)总结了“十三五”期间我国就业质量提升的方方面面，服务业劳动力占比提高，城镇就业人数增长，就业结构得到改善和优化，劳动者总体工作强度下降，同时，劳动者的工资水平得到提升。2016 年到 2019 年间，全国居民人均收入增长分别达到 8.0％、8.7％、8.3％以及 8.6％，农业转移人口就业情况得到一定改善，同时，农业转移人口工资水平也得到提升。“十四五”时期，我国的新兴技术产业发展迅速，就业人员素质与岗位需求不匹配等问题也浮现出来，作者提出了建议。例如，将就业政策放在所有政策之首，从劳动者角度思考问题，加强对劳动者的权益保护。具体途径包括:对现有法律条文进行完善和修订，尽量营造较为公平的就业环境。

孙世会(2021)研究了城镇化进程中农业转移人口的就业问题，他以 15—64 岁的劳动力样本为依据，调查了 2012 年、2014 年、2016 年和 2018 年农业转移人口样本。研究发现，虽然农业转移人口的工资在不断上升，但是仍然表现出增长有限以及总体工资水平较低的趋势；比起城镇劳动力，农业转移人口的工作时间更长，享受到社会保障的情况较少。因此，提高农业转移人口的就业质量应该从源头入手，加大人力资本的培育力度，政府可以加大投资，企业可以提供更多的职业培训，尽力实现公共服务均等化，为农业转移人口提供尽可能公平的就业环境，让他们受到劳动权益保护。只有农业转移人口的就业质量得到提升，才可以保证我国这一农业大国的就业质量得到改善。郭庆(2021)从社会融入的角度进行考量，认为这一角度更加具有针对性。农业转移人口是一个在农村与城市之间迁徙的流动群体，能否顺利融入、适应城市的发展是影响这一群体就业质量的关键因素，制度对于新生代农业转移人口的就业质量具有明显的促进作用，并且存在区域差异性，大城市促进作用强，中小城市促进作用弱，社会融入对于就业质量的促进作用与经济发展水平息息相关。

梁宇亮等(2020)指出，无论是由户籍制度及企业用工偏好等构成的宏观层面的分析，还是由人力资本、社会资本及家庭结构构成的微观层面的分析，都忽略了非认知能力对于农业转移人口就业质量的影响。作者认为非认知能力可塑期更长，较之认知能力，对农业转移人口就业质量的衡量更加准确。实证分析得出，非认知能力既能显著增加农业转移人口的工资收入，又能够保障一定的就业稳定性与社会保障水平，因此，在政策扶贫的同时应该做到“扶智”与“扶志”相结合。

袁超和张东(2021)对外出务工并返乡的农村女性群体进行了分析，发现有过外出务工经历的女性群体更加倾向于现代工业、制造业的工作，而较少参与传统农业生产工作，农村资源的限制使得她们无法找到合适的岗位，造成短期内的失业或者暂不就业。为改善这种局面，应尽可能地为返乡女性提供职业培训，健全就业保障制度，等等。

大学生群体的就业质量涉及高校的培养模式、招生与专业设置，受到广泛关注。王霆和张婷(2014)提出，大学生的就业问题主要表现在就业稳定性较差、工资待遇较低以及就业意向功利化明显等方面，作者相应地提出了提升大学生就业质量的路径。李俊龙等(2021)对2019年江苏省7所高校的毕业生就业质量报告进行了分析，并且尝试构建提升高校毕业生就业质量的理论模型。李俊龙等认为，高校应该完善就业指导和服务工作，提供更多的就业宣传。顾希垚和林秀娟(2021)指出，过去对高校毕业生就业质量的评价体系存在着统计时间较为杂乱、评价主体以及评价标准无法统一等问题，为改善评价体系，必须尽可能体现综合性，从多维度进行量化分析。张莎(2021)对高校毕业生未能及时找到工作进行讨论，认为学校的就业指导教师应该发挥较大的作用，针对“慢就业”的学生，要及时评估并跟踪辅导。刘自团和陆根书(2021)分析了2017年11月至2018年1月西安交通大学中国西部高等教育评估中心开展的陕西高校毕业生就业创业跟踪调查的样本数据，研究发现高校毕业生的就业满意度与平均月收入均受到家庭经济情况、求职过程中的花费等影响。为提高高校毕业生的就业质量，高校应该给大学生提供更有针对性的就业援助，优先为家庭经济困难的学生提供就业津贴，甚至为其设立基金。王红雨和闫广芬(2021)也对高校毕业生的就业情况进行了对比分析。调查发现，贫困家庭的毕业生就业率要高于非贫困家庭，但是创业率与升学率要低于非贫困家庭。通常，非贫困家庭的毕业生会更多地考虑升学等选择，因此会造成"慢就业"现象。工资待遇上也出现贫困毕业生低于非贫困毕业生的现象。因此，作者建议应该对贫困高校毕业生提供就业帮扶，提高就业质量。

本章小结

文献综述部分重点梳理了以下方面的相关文献：产业结构调整的影响因素分析、产业结构调整对经济发展的影响研究、子类产业变迁的相关研究、产业结构调整对城市化进程的影响研究、产业结构与就业结构关联性分析、就业质量的影响因素与评价方法研究。通过对当前国内外关于产业调整与就业的相关文献进行梳理和评述，介绍与本书研究主题相关的前沿方法和理论。不难发现，产业调整与就业结构存在显著的内生关系，产业结构是就业结构的宏观表现，两者既受到共同因素的影响，也受到差异化因素的影响。同时，产业调整存在多种表现形式，如产业结构的合理化、高级化、集聚效应、多样化发展等。产业调整包括两个方面：一是调整强度，二是调整方向。通过文献梳理，发现已有研究中较少关注产业结构调整强度和产业多样化扩张对就业的影响，而现有关于就业的研究主要集中于就业规模增长、就业增长率等方面。我国工业化和城镇化进程中很多地区出现了就业规模和失业规模同步增长的现象，因此，仅从产业结构变迁来解释就业增长的机制，难以全面刻画产业调整对就业的影响。为此，本书将以城市为研究单位，根据城市辖区内子类产业就业人口变化测算产业调整的强度，根据子类产业之间的经济与技术关系测算地区产业多样化水平，以此来探究其对城市失业率和失业率波动的影响。

第3章　理论回顾与机制分析

党的十九大报告指出“我国经济已由高速增长阶段转向高质量发展阶段”，党的十九届五中全会指出“我国已转向高质量发展阶段”，这是党中央对我国经济发展形势的深度研判，也是党中央把脉经济发展的重要论断。改革开放以来，我国产业结构表现出较为粗放的特征，高能耗产业、高污染产业以及低端产业比重较大，导致资源环境代价偏高，安全生产事故多发，可持续发展受到严峻挑战。进入21世纪以来，社会各界对生态环境、生产生活环境越来越重视，“绿水青山就是金山银山”，绿色发展理念深入人心，传统的粗放型发展路径难以为继，坚持走绿色安全的发展之路、加快实现人与自然和谐发展是产业结构调整的必然选择和迫切任务。就业是最大的民生，产业作为就业的载体，其调整与变迁对就业产生了直接的影响。为了揭示产业调整强度、产业多样化对城市就业的影响机制，本章梳理了产业结构调整、城市化与产业结构的联动关系以及就业结构等方面的相关研究，从产业经济学、城市经济学和劳动经济学层面进行理论分析，梳理出相关理论机制，为后续实证研究构建基础理论框架。

3.1 相关理论回顾

3.1.1 产业结构变迁的相关理论

产业结构除了可以解释某一个具体细分产业的内部要素构成，还可以解释各产业之间的关联关系。17 世纪，英国经济学家配第最早开展产业之间关系的研究，他在《政治算术》中对比了农民和工人的收入水平，得出制造业的收入高于农业、商业收入高于制造业的结论。在资本主义生产方式中，在农业经济开始向工业经济转变的背景下，各产业之间劳动力会向更高收入的行业转移，例如，从低收益的农业部门向高收益的工业部门转移。随着经济快速发展以及经济体量的增加，商业部门中的服务业门类增多、规模不断扩大，劳动力也会由原有的产业部门进一步向收益更高的商业部门转移。可见，劳动人口会因为行业收入的差距进行转移。恩格尔在研究社会总体收入水平的基础上提出了恩格尔定律：在不考虑通胀等因素的影响下，家庭收入越高，在食品上的支出越少。德国经济学家霍夫曼将产业细分为三大类，分别是生产资本资料的产业、生产消费资料的产业以及其他产业。他对各国工业化进程中生产消费资料和资本资料的产值进行统计分析，并提出霍夫曼比例。霍夫曼比例指的是生产消费资料的产值与生产资本资料的产值之比。根据比值大小，他把工业化细分为四个阶段：制造业占据绝对地位、生产消费资料的工业发展速度缓慢、生产资本资料与消费资料的工业规模相当、生产资本资料的工业发展迅速并远超生产消费资料的工业。不难得出结论，工业化进程越高，霍夫曼比例越小。20 世纪，日本学者盐野谷佑一在此基础上进行了研究，他将所有的产业划分为生产资本资料的产业与生产消费资料的产业两种，对日本、美国以及瑞典进行了研究，发现美国和瑞典的资本资料生产的比重更加稳定，重工业发展趋势普遍存在。

三次产业的划分是经济学家费希尔于 20 世纪 30 年代首次提出的，他从人类经济社会发展的需求结构出发，认为人类的经济活动可以分为三个阶段：第一阶段是人们为了满足基本的生活需要而进行的农业生产以及畜牧业生产；第二阶段是人们为了满足进一步生活需要而进行的大规模工业化生产，纺织业和重工业都属于此类；第三阶段是人们为了追求更高级的生活而进行的教育、娱乐、旅游、科学等产业的发展。英国经济学家克拉克继承了配第的研究成果并且提出了配第-克拉克定理，在费希尔将产业划分为三类的基础上进行了更为细致的说明。克拉克认为:第一产业的主要劳动对象是自然界，涉及的产业有种植业、林业、渔业和畜牧业等；第二产业在第一产业的基础上产生，采掘业、矿业、制造业、建筑业等产业都是由于人们开始思考对自然界的物质如何进行加工处理而产生的；第三产业则将劳动对象转移到了非自然界物质，教育、科学、金融业、批发零售业、通信业、运输业等都属于此类。克拉克对不同时期40多个国家的三次产业总产出与劳动总投入变化进行了研究，得出了和配第定律相似的结论，即劳动力会在三大产业间进行转移，由第一产业流动到第二产业，进而流动到第三产业。20世纪五六十年代，库兹涅茨在配第-克拉克定律的基础上，采用劳动要素在各产业之间的比重，从国民收入和产业间劳动力分布两个视角衡量结构调整。他认为，在工业化逐步推进过程中，劳动力在第一产业中的数量不断减少，第一产业的劳动力占比下降，引致第一产业的国民收入不断减少；伴随着工业化程度提高，进入工业化中期，第二产业劳动力规模和比重不断上升，第二产业对应的国民收入比重也在提高；到了工业化后期，第三产业劳动力占比持续快速上升，第二产业国民收入比重与劳动力占比逐渐下降，第三产业的国民收入占比不断提高。霍利斯·钱纳里在库兹涅茨理论的基础上进行补充，提出标准产业结构的概念，将产业结构演变划分为三个阶段。第一个阶段是工业发展的初期阶段，农业是产业中的主导产业，制造业部门仍然表现出以劳动密集型产业发展为首的特征，以食品业、纺织业以及采掘业发展为主；第二个阶段是工业化中期阶段，重工业替代了农业的主导地位，制造业产业内部由以劳动密集型产业为主转变为以资本密集型产业为主，后期以第三产业、新兴产业发展为主；第三个阶段是工业化高级阶段，劳动密集型产业以及资本密集型产业的主导地位发生改变，逐步转向以技术密集型与知识密集型产业为主，第三产业在经济发展中起到主要作用，所占比重逐步增加。

3.1.2 产业分类的相关理论

产业分类对于产业结构、产业经济等领域的研究来说意义重大，事实证明，产业结构的变动是有规律可循的，许多经济学家对这一方面进行了大量的研究。产业分类是根据一定的划分标准，对国民经济的各类经济活动进行分解和重新组合，以此来区分多层次的产业门类。根据现有理论中的划分标准，产业分类大致有以下方法:第一，马克思的两大部类分类法①。马克思在剖析资本主义生产过程时，提出了两大部类分类法来划分产业门类，他根据不同产品在社会再生产过程中的不同作用，从实物形态层面将社会总产品生产区分为生产资料生产与消费资料生产两大部类，这种分类方法有助于了解社会再生产的实现以及社会经济需要的满足程度。第二，农轻重产业分类法。这种分类方法可以看作马克思两大部类分类法在实际中的运用，是对两大部类分类法的改进与提高，这种基于社会主义经济体制的分类方法将经济活动中的物质生产划分为农业、轻工业和重工业三种。根据三种产业在经济社会中的重要性，可将产业结构进一步分为重型结构、轻型结构和以农为主型结构三种类型。其中，农业包括种植业、畜牧业、林业与渔业，轻工业包括纺织、食品、饮料、印刷等产业，钢铁、煤炭、电力以及化工则属于重工业大类。第三，根据产业比例关系确定产业结构。按照产业之间的比例关系可以将产业结构划分为协调型与失衡型两种。产业数量比例合理以及投入产出比例均衡的是协调型产业结构，协调型产业结构几乎没有产业短缺或者过剩情况。与之相比，由于存在产业数量不协调以及投入产出失衡，产品出现过剩和短缺现象，不利于国民经济对产业进行调整的类型被称为失衡型产业结构。第四，根据产业发展层次划分产业结构类型。发展层次指标主要包括产业发展水平、技术水平、要素密集度以及加工程度和附加值大小，根据这些指标的不同组

① 在社会再生产中，生产资料生产（第Ⅰ部类）和消费资料生产（第Ⅱ部类）之间的数量对比关系是马克思首先提出并加以考察的，是马克思再生产理论以及国民经济计划学的中心问题之一。

合情况，可以将产业结构划分为初级、中级以及高级三种不同的产业结构类型。此外，根据生产要素占比可以将产业结构进一步划分为劳动密集型产业、资本密集型产业以及技术、知识密集型产业。随着经济发展程度、技术水平、供求关系、价格以及比较优势等因素的变化，产业结构逐渐呈现高级化，即产业结构表现出由劳动密集型产业向资本密集型产业过渡，进而向知识技术型产业过渡的特征。第五，根据产业加工方式划分产业结构类型。按照劳动对象及加工方式的差异将产业结构划分为第一产业、第二产业及第三产业。该方法是费舍尔提出的，在科林·克拉克和库兹涅茨的推广下成为主流分类方法。其中，第一产业的劳动对象是自然界，第二产业是对自然界进行加工形成的，第三产业的劳动对象则转变为物质财富生产之上的无形财富的生产活动。第六，霍夫曼产业分类法与霍夫曼工业化定律。德国经济学家霍夫曼按照产品的主要用途划分产业种类，如果某产业产品的主要用途是消费(有 75%以上是消费用途)，就可以归为消费资料产业，同样，可以将产业划分为资本资料产业及其他产业类别。基于上述分类方法，将工业化进程分为三个阶段。第一阶段，由消费品工业占据主导地位，衡量产业主要用途的霍夫曼比例在 6∶1 和 4∶1 之间；第二阶段，资本品工业逐渐取代消费品工业的主导地位，霍夫曼比例在 3.2∶1 和 1.6∶1 之间；第三阶段，资本品工业真正占据产业之首，资本品工业的增长速度与规模都远超过消费品工业，霍夫曼比例在 1.5∶1 和 0.6∶1 之间，该比例低于 1∶1，即代表实现了重工业化。

3.1.3　城市化与产业调整的相关理论

城市经济学是研究城市在产生、成长、城乡融合的整个发展过程中的经济关系及其规律的经济学科，其理论与产业调整的相关理论紧密联系。本书主要以城市样本为研究对象，因此，该部分涵盖城市规模的影响因素、城市规模对经济增长的影响、城市化与产业调整三个方面的相关理论。

第一，城市规模的影响因素。城市规模涉及城市人口规模、空间规模和经济规模三个维度。Alonso(1964)提出单中心城市模型，首次将“区位平衡”这一概念引入城市规模的讨论中，借助三个基本假设，为预测城市地租做出了很大贡献。

随着城市边界的不断扩大，人口的规模也会增大(Wheaton，1974)。多位学者指出，城市发展单中心假设放松的条件下，城市也可以多中心形态发展(Giuliano et al.，1991；Cervero et al.，1997；McMillen et al.，1998)。促进城市规模扩张的因素有人力资本及其外部性(Glaeser et al.，1992；Bostic et al.，1997；项本武 等，2012)、FDI(Lin et al.，2002；Anderson et al.，2004)、政府的科技投入支出(Lin et al.，2002)，对城市规模有负面影响的因素有政府支出规模、城市初始人口规模(廖明中，2009)等。

第二，城市规模对经济增长的影响。早在亚当·斯密《国富论》中就提到，城市规模与经济增长呈正向关系。随着时间推移，这一观点被大量的实证研究证明，相关研究也由浅入深，不断丰富。城市规模扩张形成聚集效应和正外部性，有助于促进经济增长(夏小林，1999；Baldwin et al.，2004；刘爱梅 等，2011)。拥挤效应也进一步说明城市规模与经济增长的正相关关系，只是其出现在城市发展的前期阶段(Williamson，1965)。城市规模并非越大越好，当城市规模超过一定程度后，这种正向关系会降低(刘爱梅 等，2011)，二者呈现倒U形关系(孙祥栋 等，2015)。在城市规模扩张过程中，城市经济效益呈现先增后降的特点，当城市规模达到或超过临界值，城市规模扩张对经济增长的促进作用减弱，甚至两者呈现负相关。

第三，城市化与产业调整。城市化是拉动经济增长的巨大引擎，也是实现国家现代化发展的必由之路，亦是经济学和社会学的研究热点问题之一。本节从城市化演进规律和城市产业结构变迁两个方面陈述相关文献。学术界对城市化的研究不断深入，学者们主要是从时间序列、经济发展水平、地理因素和城市规模等角度对城市化演进规律进行论述。从时间序列角度来看，“城市化S曲线”是相关研究中最具代表性的学术结论(Northam，1979)，体现了城市化发展阶段性增长趋势。城市化进程由最初的缓慢增长过渡为快速增长阶段，经过一个较高水平的增长，最终在该阶段稳定下来。国内学者在延续上述研究的基础上进行了有益拓展，比如，得出了该曲线的一般数学形式(谢文蕙，1995)，认为曲线的三阶段应改为更为科学的四阶段(陈彦光 等，2005)，为城市化演进理论提供了补充性成果。从经济发展水平角度来看，大部分研究表明经济发展与城市化发展具有正向联系(Berry，1971；Chenery et al.，1975；Renaud，1981；黄群慧，2006；施建刚 等，2012)。从定量分析来看，城市化发展差异的六七成是由经济发展水平的差异造成的(Fay et al.，2016)，经济发展水平和城市化的相关系数为0.85(Henderson，2003)。也有少部分研究认为，经济发展水平和城市化之间并不协调，体现为城市化发展滞后于经济发展(朱要武，2003)。从地理空间角度来看，Gottmann(1964)提出“城市群”概念，引发了空间视角的众多研究。与大城市空间距离相近的小城市更容易获得大城市的经济溢出(Helpman，1998)，大城市周边交通也相对发达，从而降低了运输及贸易成本(Tabuchi，1998；Pfluger et al.，2008；皮亚彬 等，2014)。同时，城市规模扩张会促进城市区域内生产效率的提升，大城市的城市化更有竞争优势(Sveikauskas，1975；Cadino，1987；Venables，2010)。要推动中国城市化发展，需要扩大城市人口规模，着重建设百万人口级的大城市(王小鲁，2010)。

3.1.4 产业结构与就业结构的相关理论

在凯恩斯就业理论出现之前，西方学者主要是基于萨伊定律来解释社会中存在的失业现象，学者们普遍认为真正的失业并不存在，如果劳动者的工资能够随着劳动力的供求变化随时调整，就会实现充分就业。近现代主要的就业结构理论是在不同的经济背景下提出的。1929—1933年间世界经济危机的发生造成西方各国大规模的失业，“通过市场均衡自动实现充分就业”不再适用。此时，凯恩斯提出，政府应适当干预经济，采用反周期的扩张性宏观经济政策，提高和刺激有效需求，从而增加人们的消费和投资，并以此来促进就业。政府干预经济在一定程度上缓解了有效需求不足引发的非自愿失业，但经济中出现的“滞胀”现象并不能简单采用政府干预经济的手段来解决。

后凯恩斯主义代表人物托宾认为，劳动力市场多为行业性及局部性的地区市场，并不是一个完整的整体，其主要关注产业结构变动引起的结构性失衡问题。在这种背景下，失业现象和缺乏劳动力现象并存，传统行业的劳动力因为技能差异不能胜任新行业，在这种情况下，仅仅依靠政府的财政政策和货币政策不能解决结构性失业问题。货币主义代表人物弗里德曼支持自然失业率假说[①]，认为经济结构的变化、就业生命周期的变化以及摩擦性因素都会引起劳动力流动。自然失业率被认为是充分就业状态下的失业率。此外，货币主义还认为，在短期内货币政策对于减少失业是有利的，长期则会失效。弗里德曼还提出了单一货币政策，将货币供给量控制为以固定比例增长，以此来提高可接受的通货膨胀率，从而减少失业率。总的来说，货币主义以及后来的供给学派都反对政府干预经济，强调市场自动调节经济中存在的失业现象。

20 世纪 60 年代，人力资本理论从不同的角度探讨解决失业的方法，主要代表性人物舒尔茨、哈比森认为，经济增长的速度和人力资本有着密不可分的联系。人力资本是存在于人体之内的具有经济价值的知识、技能、体力及过往经验的总称。人力资本对经济发展做出的贡献远高于增加劳动力数量或物质资本做出的贡献。发达国家中，人力资本占据人类社会总财富的一半以上。人力资源需要在一定的条件下才可以转化为人力资本，要实现全民素质的提高，必须建成学习型社会，因此，应加大人力资本投资力度，并为劳动力提供教育培训等，推动地区经济发展。

产业结构变迁的相关理论基本上都涉及就业结构调整的内容。众多研究分析得出结论：首先，随着人们收入的提高，从事第一产业的劳动力会越来越少，第一产业增加值与总产值的占比将会下降；其次，第二产业的特征较为复杂，工业化前期，工业产值占比以及劳动力占比都会上升，但是在工业化后期，工业产值占比下降，从事工业生产的劳动力也会减少；最后，从事服务业的劳动力会越来越多，这一产业的产值也会增加。库兹涅茨将劳动力的分布与产业结构结合起来，研究发现，第一产业的劳动力越来越少，第二产业吸收劳动力的能力越来越弱，第三产业则源源不断地吸收劳动力，劳动力也相应地表现出从第一产业逐渐

---

① 长期而言，经济总是趋向于自然失业率。尽管短期内，经济政策能够使得实际失业率不同于自然失业率。自然率假说：卢卡斯在自然失业率的基础上，提出的一种关于就业、产出、物价等经济变量存在着一种由政府政策支配的实际因素（如生产、技术等）决定的自然水平的理论观点。

转移到第三产业的现象。除此之外，库兹涅茨将三次产业产值的比重与劳动力就业比重的比例定义为相对劳动生产率，以此来探讨产业结构与就业结构之间的关系。

20 世纪 70 年代，美国经济学家钱纳里通过整理 101 个国家的数据，分析这些国家在经济增长过程中的产业结构变化与就业结构变化，以此来讨论产业结构与就业结构的关系，以就业比重与产业比重为依据，讨论这些国家经济发展过程中产业结构的合理性。在此基础上，钱纳里进一步讨论了影响产业结构变动的因素，他提出两个观点：第一个观点是以恩格尔定律、要素禀赋、比较优势理论以及中间产品替代原材料的比例结构和生产率提高为基础提出的，他认为需求结构的变动、贸易结构的变动以及技术水平的变动都会影响产业结构变动。第二个观点是从产业结构变化的国家异质性入手，他认为产业结构变化的方向与速度受到国家内部贸易政策的影响而表现不同。最后，他从多个国家工业化进程的经济发展数据入手，将工业化过程细分为六个阶段，即传统社会阶段、工业化初期、工业化中期、工业化后期、后工业化社会阶段以及现代社会阶段。与库兹涅茨相比，钱纳里等人的研究细致到了产业结构变动的影响因素层面，研究内容更具广度和深度，研究方法也得到改进。例如，在探寻产业结构转变的影响因素时，以恩格尔定律作为理论依据，发现需求结构、贸易结构都会影响一国的产业结构，产业结构也会因为经济发展速度等差异而表现不同。

3.1.5　二元经济结构与劳动力转移的相关理论

以伯克为首的经济学家研究了二元经济结构下的劳动力在产业间转移的问题。伯克对已经摆脱了荷兰殖民统治的印度尼西亚的经济社会发展状况进行了研究，发现采用劳动力手工生产的落后部门与依靠资本与机器进行大生产的少数城市工业部门呈现出二元分化状态，分别表现为生产力低下以及生产力水平较高。学者们在伯克的研究基础上对二元结构进行了拓展。美国经济学家刘易斯赞同伯克的观点。刘易斯假定劳动力在二元产业结构中的转移不存在转移成本。他认为农村中存在大量闲置的劳动力以及城市中劳动力收入水平较高，这两个特征都会使得劳动力从农村向城市转移。这种产业间的转移会平衡两个产业间的差异，传统农业的劳动力效率得到提高、农民收入水平上升，现代城市工业工资水平得到控制，原本割裂开来的二元经济结构逐渐消失。费景汉和拉尼斯完善了刘易斯的观点，增加了经济变化中就业结构转换的条件，更为详细地讨论了劳动力转移过程中的三个阶段。第一个阶段，农村大量的劳动力源源不断地向工业部门转移；第二个阶段，由于工业部门工资的上升以及农业部门农产品价格的上升，工业部门的扩张以及劳动力从农村向工业部门转移的趋势都会受到抑制；第三个阶段，农村的农业生产劳动率大幅提高，农业由传统农业转变为现代农业。

舒尔茨从人力资本的观点讨论了农村劳动力转移到城市现代化工业这一现象。他认为，消除二元经济现象要从提高劳动力的人力资本投入入手，只有农业实现了现代化，农民掌握了一定的知识和技能，才能消除二元结构。后续有学者从提高农业现代化的角度进行了探讨，早见雄次郎和拉坦支持利用先进技术带动农业部门发展，认为发展中国家应学习发达国家的先进技术，避免一味地使用自然资源和依赖土地。

3.2 理论机制分析

3.2.1 产业结构与就业结构的互动机制分析

经济总量的持续增长、经济结构的调整与升级是经济发展的两个方面，这在多国的经济增长实践中已经得以证明。持续优化经济结构、实现经济可持续增长是我国近阶段经济发展的目标，其中，产业结构调整是经济结构调整与升级的重要部分，三次产业的结构调整既要顺应市场发展规律，也要与就业结构相互协同，才能促进地区产业高质量发展。就业结构作为经济结构另一个重要的构成部分，对经济高质量发展具有深刻的意义。产业结构与就业结构相互适应是实现经济长期增长的必然要求。产业结构和就业结构的调整，本质是物质资本、人力资本、技术资本等要素重新配置的过程，两者之间是相互依存的关系。首先，产业部门是劳动力就业的结构性表现，产业结构调整必然会引起就业结构调整，从某种程度上可以认为，就业结构调整受制于产业结构调整。其次，一旦就业结构调整滞后于产业结构调整，就会不利于产业结构的转型升级，甚至阻碍经济实现可持续增长。例如，劳动力整体素质一旦不能适应产业结构调整，就会加剧劳动力供需不匹配，甚至引起失业人口增加。从三次产业结构的比例变化来看，这种调整是各种生产要素在不同的产业部门之间分配再重新整合的过程，其中最活跃和最宝贵的生产要素就是劳动力资源。就业结构的调整呈现出劳动力从第一产业向第二、第三产业转移以及劳动力从农村向城镇转移的整体特征。

从上述理论梳理可知，产业结构与就业结构的互动机制涉及以下几个方面：从三次产业的发展来看，第一产业的劳动力会越来越少，第二产业吸收劳动力的能力也越来越弱，第三产业则源源不断地吸收劳动力。劳动力也相应地表现出从第一产业逐渐转移到第三产业的现象。短期内，随着技术水平的提升，产业结构与劳动力结构产生偏离，一方面来自新创造岗位与劳动力供给的不匹配，另一方面来自部分岗位的减少与劳动力的超供给的不匹配，即就业创造与就业破坏并存，劳动力市场中可能出现摩擦性失业与结构性失业。如果长期不能消除上述不平衡因素，便会导致区域性的结构性就业矛盾。我国改革开放40多年，产业调整处于较高的强度水平，劳动力市场结构调整滞后于产业发展，成为就业不充分的根本原因。从长期来看，在市场机制的作用下，就业结构与产业结构的调整方向会趋于一致，但是就业结构会受到各种因素的影响，其中，科技进步和新技术应用被认为是当前最具影响的因素。应用新技术会推动旧的就业结构的调整，不仅能创造就业机会，也会导致部分就业岗位消失。

3.2.2　地区产业调整的劳动力市场均衡机制分析

我国经济发展过程中，产业发展推动了就业规模的增长，在一定程度上缓解了就业总量压力，但是很多地区却长期面临着深层次的具有明显群体特征的就业结构性矛盾。比较典型的是，生产性人员的巨大需求无法得到满足，高校毕业生就业压力大，摩擦性失业与结构性失业并存，城市失业群体再就业难，究其原因在于劳动力结构调整滞后于产业结构调整。当前，就业结构调整滞后于产业结构调整是普遍存在的，所形成的结构偏差不仅抑制了就业增长，还阻碍了产业结构的转型升级。同时，在产业结构调整过程中，伴随着产业规模增长与技术进步，有产业衰败，也有产业兴起，产业的兴衰和发展方向引导劳动力在产业之间的转移和流动，必然直接影响着地区就业规模与就业结构。实际上，中国改革开放 40 多年的发展历程中，工业化和城镇化进程远快于西方发达国家，技术进步、资本深化作为产业结构转型升级的必要条件，必然使得产业调整处于较高的强度水平，可见，当前严峻的就业形势与产业调整、长期的劳动力超供给不无关系。就业人口与失业人口同步增长的矛盾，促使学者们对产业调整与地区失业率波动的关联进行深入分析。

在中国城镇化水平不断提高、流动人口规模不断扩大以及地区间非均衡发展的现实背景下，就业人口增长并不意味着失业人口减少，更不代表失业率的绝对下降，甚至会出现就业人口和失业人口同步增长的现象。现有研究从政策、二元结构、劳动力市场分割、产业结构变迁、创业等角度解读了失业问题。关于三次产业结构与就业结构的关系、产业转型升级对就业规模和就业质量影响的研究，可概括为以下三类观点：产业结构调整对就业规模具有抑制作用；产业结构调整对就业规模具有促进作用；产业结构调整对就业存在着促进和抑制的双重影响。朱铁和熊思敏(2009)发现，产业结构调整不仅仅影响就业结构与总量的调整，由于产业之间的剧烈变动导致的结构性失业还会对整体就业产生“破坏效应”。采用 TSTR 指数发现“破坏效应”对整体就业的影响来自两个方面：一是产业结构升级提高资本有机构成，资本有机构成的提高又会进一步减少相同工作量所需要的劳动力，造成就业破坏效应；二是产业结构调整意味着新产业的诞生以及一些产业的衰退甚至消失，原有产业中保存的劳动力会面临失业，并产生就业破坏效应。这种对就业结构的破坏效应甚至可以抵消产业结构调整带来的就业创造作用。本书将围绕产业调整强度与城市失业率展开研究，进一步考虑城市人口密度和资本深化的调节效应。为此，本书构建了一个地区封闭状态下产业调整的劳动力市场均衡分析模型，在不存在城乡差异和劳动力跨地区流动的假设下，地区内部产业调整在短期内会导致城市就业发生波动，有可能出现就业规模（就业率）增大和失业规模（失业率）减小，有可能出现就业规模（就业率）减小和失业规模（失业率）增大，但是长期内，产业将调整到失业人口规模下降或者失业率下降的均衡状态。换而言之，产业调整有助于降低失业率，但是这种降低失业率的效应会随着调整强度的增强而减弱，即失业方程关于调整强度的一阶导为负数，但是二阶导为正数。

本书采用更具一般性的固定替代弹性（CES）生产函数进行分析，并假定技术进步参数（A）为希克斯中性，规模报酬参数（$\lambda=1$）不变，此时 CES 生产函数表示为：

$$Y_{it} = A\left[\alpha K_{it}^{\rho} + (1-\alpha) L_{it}^{\rho}\right]^{1/\rho} \tag{3.1}$$

$$\max \pi_{it} = pY_{it} - \omega_{it} L_{it} - \varphi_{it} K_{it} \tag{3.2}$$

其中，$A>0$，$\lambda>0$，$0<\alpha<1$，$\rho\leqslant 1$，i 表示 i 产业，t 表示第 t 期，Y_{it}、K_{it}、L_{it}、π_{it} 分别表示 i 产业在第 t 期的产出、投资、就业人数、利润，p 表示产品价格，α 表示资本产出弹性参数，资本-劳动替代弹性为 $1/(1-\rho)$，ω_{it} 和 φ_{it} 表示 i 产业在第 t 期的工资水平和资本价格。根据利润最大化假设，将方程（3.2）代入方程（3.1），并对 L_{it} 求偏导，得到劳动力需求方程：

$$\omega_{it} = A\left[\alpha K_{it}^{\rho} + (1-\alpha) L_{it}^{\rho}\right]^{1-\rho/\rho} (1-\alpha) L_{it}^{\rho-1} \tag{3.3}$$

$$L_{it} = \left[\omega_{it}/A(1-\alpha)\right]^{\rho-1} Y_{it} \tag{3.4}$$

$$L_t = \sum_{1t}^{nt} L_{it} \rightarrow 1 = \sum_{1t}^{nt} (L_{it}/L_t) = \sum_{1t}^{nt} (q_{it}) \tag{3.5}$$

从劳动力需求方程（3.4）可知，由于 $\rho\leqslant 1$，产业劳动力数量与工资水平负相关，工资水平高将导致劳动力需求减少。从劳动力供给端来看，假设 ω_{it} 是实现劳动力市场工资最大化的工资水平，则可以建立如下地区总产出方程（3.6）和劳动力供给方程（3.7）：

$$Y_t = \sum_{1t}^{nt} Y_{it} \tag{3.6}$$

$$\max \sum_{1t}^{nt} L_{it}\omega_{it}(1-\theta) + \left(S_t - \sum_{1t}^{nt} L_{it}\right)\omega_s \tag{3.7}$$

其中，L_t 表示地区总就业人数，q_{it} 表示 i 产业在第 t 期的就业人口与地区总就业人口的比值，Y_t 表示地区总产出，ω_t 是地区平均工资水平，θ 是劳动工资所得税率，S_t 表示地区劳动力总供给，$S_t - L_t$ 表示地区失业人口，ω_s 表示失业人口获得的政府转移性收入(补助、失业救济等)且不征收所得税。进一步假定地区内部失业人口获得的政府转移性收入是地区总产出的一个函数(δY_t)，通过对方程(3.7)求偏导，得到工资方程(3.8)：

$$\omega_{it} = \omega_s / (1-\theta) = \delta Y_t / (1-\theta) \tag{3.8}$$

由工资方程(3.8)可知，地区总产出水平、所得税率决定各类产业工资水平。将工资方程(3.8)代入方程(3.4)，得到地区劳动力市场供需平衡的就业方程：

$$L_t = \sum_{1t}^{nt} L_{it} = \sum_{1t}^{nt} [\omega_{it}/A(1-\alpha)]^{\rho-1} Y_{it} \tag{3.9}$$

假定地区劳动力供给(S_t)包括就业人口(L_t)和失业人口两部分(u_t)，那么地区劳动力供给和失业率可分别表述为方程(3.10)和方程(3.11)：

$$S_t = L_t + u_t \tag{3.10}$$

$$ur_t = 1 - L_t / S_t \tag{3.11}$$

其中，u_t 是指地区失业人口规模，ur_t 是指地区失业率。进一步推导出地区失业率方程，可表达为：

$$ur_t = 1 - \frac{Y_t{}^{\rho}}{S_t}\left[\frac{A(1-\theta)(1-\alpha)}{\delta}\right]^{1-\rho} \tag{3.12}$$

从失业率方程可知，地区失业率与总产出水平、人口规模、技术进步参数、所得税率、资本产出弹性、针对失业人口的政府转移性支付参数有关。由于地区产业调整是各产业在经济环境、制度等因素作用下，资本、技术、劳动力等生产因素配置组合的复杂过程，可以认为，某一时期的产出规模和要素投入结构是产业调整后的结果，采用地区各子类产业变化的绝对值来分析地区产业调整强度是可行的。根据研究需要，参考 Aiginger 等(2001)的研究，本书采用各子类产业就业人口占比的变化来度量产业调整强度：

$$tstr = \sum_{i=1}^{n} | q_{i,t} - q_{i,t-1} | \tag{3.13}$$

从劳动力跨地区配置和行业之间的再配置来看，产业调整下各产业就业人口占比的变化同时对地区就业人口规模和失业人口规模产生影响，因此，地区劳动力规模函数、就业规模函数以及失业率方程可进一步简化：

$$S_t = L_t + u_t = f_{lt}(tstr_t^L) + f_{ut}(tstr_t^L) = F_s(tstr_t^L) \tag{3.14}$$

$$L_t = \sum_{1t}^{nt} L_{it} = [\omega_s / A(1-\alpha)(1-\theta)]^{\rho-1} F_{yt}(tstr_t^L) \tag{3.15}$$

$$ur_t = 1 - \frac{F_t(tstr_t^L)^\rho}{F_t(tstr_t^L)} \left[\frac{A(1-\theta)(1-\alpha)}{\delta}\right]^{1-\rho} = F_{urt}(tstr_t^L) \tag{3.16}$$

现有文献侧重解释三次产业结构调整对就业规模的影响，较少关注产业调整强度对失业率的影响，而在各类城市经济发展水平具有差异、大规模人口流动等现实背景下，就业人口增长意味着失业人口减少或者失业率下降。从上述方程来分析，城市产业调整有助于降低失业率，可表述为：

$$\partial(ur_t)/\partial(tstr_t^L) = F_{urt}(tstr_t^L)' < 0 \tag{3.17}$$

进一步分析，产业调整降低城市失业率强度的变化，可表述为失业率方程(3.16)关于产业调整强度的二阶导：

$$\partial(ur_t)^2 / \partial(tstr_t^L)^2 = F_{urt}(tstr_t^L)'' \tag{3.18}$$

如果式(3.18)小于0，说明城市产业调整强度的提高对降低失业率的效应是递增的；反之，如果式(3.18)大于0，说明随着城市产业调整强度的提高，其降低城市失业率的效应是递减的。为了提升模型结论的可信度，本书将在第五章进行实证检验，并采用面板数据估计模型、稳健性检验、异质性检验、工具变量检验、分位数估计及调节效应检验等方法验证上述结论的有效性。

3.2.3 产业多样化发展的就业效应分析

产业调整的方向可概括为产业升级、产业专业化、产业多样化等方面。产业结构变迁是创新和破坏并存的过程，必然导致产业结构调整对当地就业市场的双重影响：一是产业结构转型和升级是生产要素从低效率部门流向高效率部门的再配置过程，能够促进新兴产业发展，增加劳动力的需求；二是产业结构变迁意味着资本深化和旧产业的衰退，必然会导致失业增加(张浩然 等，2011)。

Aigenger(2001)认为，产业结构调整包括主动调整和被动调整，对就业市场产生双向影响。能够根据外部需求变化和禀赋变化积极进行结构调整的国家，比受到外部冲击而进行被动调整的国家发展得更好。同时，地区经济韧性与产业结构、就业等因素密切相关。Martin 和 Sunley(2006)指出，产业多样化发展可以从多个方面影响地区经济韧性。产业多样化能够避免产业结构单一和外部冲击引发的经济锁定效应，即有助于降低外部冲击对地区经济的冲击，也有利于地区经济的恢复。胡树光(2019)指出，产业多样化结构的经济韧性高，而在非危机状态下对经济增长的促进作用存在不确定性。从上述分析可知，产业多样化影响就业的机制可能涉及三个方面:一是在我国城乡二元结构下，产业多样化发展形成对农村剩余劳动力的拉力作用，多样化的产业结构必然形成多样化的就业岗位，这对促进农业转移人口市民化，提升城市人口密度发挥了拉力作用；二是产业多样化发展意味着分工的深化，相近或相关的技能岗位增加，有助于降低劳动力与就业岗位的搜寻匹配成本，有助于吸收劳动力，增强地区的就业稳定；三是产业多样化发展必然影响整个地区内部行业之间劳动力的再配置能力，如果行业之间劳动力再配置能力提高，那么在封闭假设下，地区就业率将会提升，同时更加稳定。

从城市层面解释产业多样化发展对就业的影响机制，需要重点考虑以下几个问题:第一，我国经济发展过程中，伴随着城乡之间和跨地区的人口流动以及快速城镇化，大规模人口流动、城镇化或市民化是劳动力供给规模增加的表现，产业多样化发展对农村剩余劳动力的拉力作用有可能通过促进人口流入或者提高城镇化水平而影响城镇就业。第二，产业多样化发展过程中，劳动力在行业之间的再配置能力必然发生变化，并进一步影响城市就业水平，因此在机制检验中，有必要测算行业之间的劳动力再配置能力，并进一步探讨是中介效应还是调节效应。第三，采用省级数据以及采用忽略了产业之间经济与技术关系的方法测算产业多样化水平，并以此来检验产业多样化发展对就业的影响。事实上，在一个开放动态的经济社会系统中，若不能以自然经济单元来分析产业结构和劳动力市场变迁，则难以科学呈现产业结构与就业结构互动关系的演变。城市是经历了漫长的经济社会变迁而形成的相对独立的经济单元，对分析产业结构变迁和就业问题具有天然的优势。为此，本书采用熵值法测算城市产业多样化，并将其分解为相关多样化和无关多样化，既考虑了产业之间经济与技术关系的影响，还能较好地消除产业门类、规模等因素的影响。

在后续实证分析中，根据城市产业分类之间的经济与技术关系，采用熵值法和各子类产业就业人数来测算产业相关多样化、无关多样化和整体多样化。进一步研究中，根据城市面板数据进行估计，采用面板数据回归模型、稳健性检验、异质性检验、内生性处理、分位数估计、中介效应检验等多种方法检验产业多样化发展的就业效应，并尝试解释可能存在的影响机制。

本章小结

本章为后续的研究构建了基本理论框架，涉及产业经济学、城市经济学与劳动经济学，对产业调整相关理论、产业结构与就业结构的互动关系以及城市化进程对产业结构的影响等理论进行梳理。相关理论研究成果如下:(1)配第、恩格尔、霍夫曼与费希尔等人均对产业结构进行了剖析，他们对于产业结构的划分有不同的看法。例如，费希尔首次提出了三次产业的划分依据，将人们的经济生活划分为三个等级:为了满足日常生活需要的基础设施建设，为了满足进一步生活需要的工业化生产，为了满足更高生活品质的娱乐等。(2)产业分类目前有以下几种公认的方法:马克思的两大部类分类法，农轻重产业分类法，依据产业比例关系分类，根据产业发展层次分类，根据产业加工方式分类，霍夫曼分类法。(3)城市化与产业调整的相关研究涉及城市规模的影响因素、城市规模对经济增长的影响以及城市化与产业调整的联动关系。学者们分别从时间、经济发展水平、地理因素和城市规模等角度对城市化演进规律进行论述。(4)产业结构与就业结构的互动关系更为复杂，萨伊定律、托宾的观点以及货币主义的主流观点不尽相同。库兹涅茨讨论了劳动力在三次产业间转移呈现出的不同趋势。钱纳里深入分析产业结构的影响因素，整理了 101 个国家的数据，讨论了产业结构与就业结构的互动关系。(5)以伯克为首的经济学家关注城乡二元经济结构下劳动力在产业间的转移。舒尔茨从人力资本角度给出建议，认为提高农民的知识水平和技能才能够消除二元经济结构。该部分基于相关理论回顾，对基于产业调整的劳动力市场均衡效应、产业多样化发展的就业效应进行分析，以此来阐述本书的核心理论机制。

第4章　中国城市产业调整的多维动态分析

4.1　我国三次产业结构变迁分析

我国幅员辽阔且经济社会发展水平存在巨大的区域差异。本书按照国家统计局的标准，将总样本分为东、中、西部地区三个子样本，分别分析东、中、西部地区产业结构调整的状况。考虑到研究数据的一致性和计算的准确性，本书采用2003年之后《中国城市统计年鉴》中的城市数据进行分析，原因在于2002年以前，我国城市统计数据中的三次产业涉及15个行业，而2003年以后进一步细分为19个子类行业。为便于后续实证分析，统一采用2003年之后城市19个行业产值数据、就业人口数据，分析城市产业结构调整的趋势。

4.1.1　全国层面三次产业结构变迁分析

通过三次产业产值的变化可以很好地观察国家或者某一地区的产业结构的发展状况。由表4.1可以发现，三次产业产出比重从2003年的12.67%∶49%∶38.33%转变为2017年的7.33%∶42.01%∶50.66%。在此期间，三次产业产出占比变化各异。我国的产业结构演变大致可以分为以农业为主、以工业为主和以服务业为主三个阶段，产业结构的变化符合产业结构演进的一般规律。从表 4.1 还可以发现，2003—2014 年期间，第二产业一直是产业之首，产出占比在 49%上下浮动。第三产业产出比例以较为平缓的速度赶超第二产业，第二、第三产业占比差距逐渐缩小。2015 年，第三产业产出占比达到 47.20%，已经超过第二产业，证明我国的产业结构逐渐由以第二产业为主演变为以第三产业为主，产业结构表现出“三二一”的发展趋势。整个样本期间，第一产业产出比例一直下降，从 2003 年的 12.67%逐渐降低为 2017 年的 7.33%。

表 4.1　三次产业结构变迁(2003—2017 年)

年份	第一产业产出比例/%	第二产业产出比例/%	第三产业产出比例/%
2003	12.67	49.00	38.33
2004	12.80	50.50	36.69
2005	11.63	49.00	39.37
2006	10.71	50.05	39.24
2007	10.36	50.19	39.45
2008	10.31	51.00	38.69
2009	9.64	49.25	41.11
2010	9.27	50.35	40.37
2011	9.10	50.59	40.31
2012	9.08	49.54	41.37
2013	9.04	48.69	42.27
2014	8.52	46.83	44.64
2015	8.42	44.38	47.20
2016	8.16	42.79	49.05
2017	7.33	42.01	50.66

4.1.2　地区层面三次产业结构变迁分析

本书参考国家统计局的规定，根据社会经济发展状况将全国省(自治区、直辖市)分为东部地区、中部地区、西部地区和东北地区，从区域层面讨论 2003—

2017 年产业结构的趋势变化。其中，东部地区包括北京市、天津市、河北省、上海市、江苏省、浙江省、福建省、山东省、广东省和海南省，中部地区包括山西省、安徽省、江西省、河南省、湖北省和湖南省；西部地区包括内蒙古自治区、广西壮族自治区、重庆市、四川省、贵州省、云南省、西藏自治区、陕西省、甘肃省、青海省、宁夏回族自治区和新疆维吾尔自治区；东北地区包括辽宁省、吉林省和黑龙江省。

表 4.2　2004 年东、中、西部产业结构

地区	省级行政区	第一产业占比/%	第二产业占比/%	第三产业占比/%	E	产业多样化 Ei	tstr
东部地区	北京	2.4	37.6	60.0	3.468 035	1.889 317 190	0.143 256
	天津	3.5	53.2	43.3	4.156 85	0.796 723 8	0.010 239
	河北	15.6	52.9	31.5	5.181 864	0.362 253 869	0.002 804
	上海	1.3	50.8	47.9	1.546 286	0.948 974 688	0.013 071
	江苏	8.5	56.6	34.9	5.499 448	0.402 545 941	0.003 831
	浙江	7.3	53.8	39.0	9.250 109	0.414 147 066	0.014 309
	福建	12.9	48.7	38.4	6.978 109	0.441 775 734	0.010 518
	山东	11.5	56.3	32.2	3.210 961	0.397 800 914	0.002 758
	广东	7.8	55.4	36.8	2.634 958	0.463 001 137	0.006 223
	海南	36.9	23.4	39.7	8.156 89	0.695 587 549	0.019 248
中部地区	山西	8.3	59.5	32.2	5.279 909	0.502 477 866	0.004 318
	安徽	19.4	45.1	35.5	1.936 215	0.295 976 377	0.003 519
	江西	20.4	45.6	34.0	6.833 618	0.366 233 34	0.004 049
	河南	18.7	51.2	30.1	4.978 531	0.355 060 235	0.002 423
	湖北	16.2	47.5	36.4	4.140 608	2.194 392 47	0.788 527
	湖南	20.6	39.5	39.9	6.102 378	0.3145 839 63	0.003 197
西部地区	内蒙古	18.7	49.1	32.2	6.525 631	0.485 322 424	0.005 201
	广西	24.4	38.8	36.8	2.702 417	0.381 886 65	0.023 69
	重庆	16.2	44.3	39.5	5.357 569	0.340 849 566	0.003 688
	四川	21.3	41.0	37.7	3.299 961	0.305 251 185	0.001 19

续表

地区	省级行政区	第一产业占比/%	第二产业占比/%	第三产业占比/%	E	产业多样化 Ei	$tstr$
西部地区	贵州	21.0	44.9	34.1	6.216 216	0.355 107 066	0.005 083
	云南	20.4	44.4	35.2	3.035 939	0.335 846 826	0.003 973
	西藏	20.5	27.2	52.3			
	陕西	13.7	49.1	37.2	4.511 396	0.426 894 151	0.003 244
	甘肃	18.1	48.6	33.3	4.958 627	0.390 552 71	0.008 4
	青海	12.4	48.8	38.8	8.147 797	0.500 054 321	0.008 169
	宁夏	14.2	52.0	33.8	3.457 403	0.500 838 269	0.086 747
	新疆	20.2	45.9	33.9	7.677 577	1.055 903 567	0.020 29
东北地区	辽宁	11.2	47.7	41.1	5.523 567	0.552 680 842	0.003 275
	吉林	19.0	46.6	34.4	3.156 5	0.488 548 083	0.004 393
	黑龙江	11.1	59.5	29.4	3.978 31	0.650 614 253	0.008 244

如前文所述，为了保持统计指标的有效性和数据的完整性，选取 2004 年和 2017 年分别进行探讨。从表 4.2 可以看出，2004 年各地区的主体产业仍为第二产业，第三产业产出占比超过第二产业的仅有北京市、海南省、西藏自治区。北京市第三产业产出占比已经超过第二产业占比的 1.5 倍并成为产业发展之首，第一产业产出占比仅为 2.4%，传统农业不再占有重要地位。2004 年，海南省第三产业产出占比为 39.7%。海南省一直将旅游业等服务业作为发展重点，第三产业产出占比高也充分证明了产业结构的调整方向。2004 年，西藏自治区第三产业产出占比已经接近第二产业的 2 倍，这与西藏的经济发展方式息息相关。2004 年，仅有少部分地区二、三产业的差距缩小明显，上海市、重庆市、湖南省第二产业与第三产业的产出占比相差在 5 个百分点以内，其他地区仍以第二产业发展为主。各地区第一产业已经逐渐退出产业发展的首要地位，在三大产业中占比最低。可以推测，第三产业产出占比越高的地区，产业多样性也越高，产业调整强度的系数和第三产业的发展一致。2004 年，河北省、江苏省、山东省、广东省、山西省、河南省、陕西省、甘肃省、宁夏回族自治区、新疆维吾尔自治区、黑龙江省的

二、三产业差距较大，这些地区仍以第二产业为经济主体。

表 4.3　2017 年东、中、西、东北地区产业结构

地区	省级行政区	第一产业占比/%	第二产业占比/%	第三产业占比/%
东部地区	北京	0.43	19.01	80.56
	天津	0.91	40.94	58.15
	河北	9.20	46.58	44.21
	上海	0.36	30.46	69.18
	江苏	4.71	45.02	50.27
	浙江	3.74	42.95	53.32
	福建	6.88	47.71	45.41
	山东	6.65	45.35	47.99
	广东	4.03	42.37	53.60
	海南	21.58	22.33	56.10
中部地区	山西	4.63	43.65	51.71
	安徽	9.56	47.52	42.92
	江西	9.17	48.12	42.70
	河南	9.29	47.37	43.34
	湖北	9.95	43.52	46.53
	湖南	8.84	41.72	49.43
西部地区	内蒙古	10.25	39.76	49.99
	广西	15.54	40.22	44.24
	重庆	6.57	44.19	49.24
	四川	11.53	38.75	49.73
	贵州	15.01	40.09	44.90
	云南	14.28	37.89	47.83
	西藏	9.36	39.18	51.46
	陕西	7.95	49.70	42.35
	甘肃	11.52	34.34	54.13
	青海	9.08	44.29	46.63
	宁夏	7.28	45.90	46.82
	新疆	14.26	39.80	45.94

续表

地区	省级行政区	第一产业占比/%	第二产业占比/%	第三产业占比/%
东北地区	辽宁	8.13	39.30	52.57
	吉林	7.33	46.83	45.84
	黑龙江	18.65	25.53	55.82

由表 4.3 可以看出，2017 年各地区第三产业产出占比明显提高，部分地区产业结构表现出“三二一”的特征。上海市、北京市、广东省三产占比更为突出，北京市第三产业产出达到第二产业的 4 倍。第一产业占比迅速减少，上海市第一产业产出占比下降至 0.36%。除此之外，从 2004 年到 2017 年，第二产业增长乏力，海南省第二产业产出占比甚至下降了 1 个百分点。2004 年，北京市第二产业产出占比为 37.6%，2017 年则迅速削减为 19.01%，产业结构的调整变化十分明显。

对比 2004 年及 2017 年的产业结构发现，东、中、西部地区产业结构调整速度各不相同。2017 年，东部地区除了河北省、福建省之外，已经呈现“三二一”的产业结构，河北省与福建省二、三产业产出相差不超过 3 个百分点。2004—2017 年，第三产业发展迅速。2017 年，中西部地区呈现“三二一”的产业格局，但二、三产业产出差距并不突出，广西壮族自治区、重庆市、宁夏回族自治区二、三产业产出差距不超过 6 个百分点，整体滞后于东部地区；东北地区的辽宁省、黑龙江省的第二产业下降明显，也呈现以第三产业发展为主的特征。

4.2 城市产业结构高级化与合理化分析

4.2.1 全国层面产业结构高级化与合理化分析

第一，我国产业结构高级化现状分析。

产业结构的高级化包括两个层面的含义:生产率的提高、比例关系的调整。

早期研究中，普遍用非农产业比重表示产业结构高级化，现有研究普遍用高新技术产业产出值占比、制造业占比表示。经济结构中产业结构的服务化倾向也是产业高级化的特征。本书采用第三产业增加值与第二产业增加值的比值（*TS*）衡量产业结构高级化。*TS* 值越大，经济结构服务化程度越高，产业结构高级化程度越高；反之越低。

根据上文提到的测算方法，测算出 2003 年到 2017 年中国产业结构高级化水平，如图 4.1 所示。从图 4.1 中可以看到，2003 年的 *TS* 值为 0.8，2017 年的 *TS* 值为 1.15，相比 2003 年提升了 43.75 个百分点，说明我国产业结构服务化水平在不断提高。此外，从变化趋势可以看出，2003—2011 年为第一个阶段，这个阶段的 *TS* 值一直在 0.80 上下波动，波动幅度不大；第二个阶段则是从 2011 年到 2017 年，*TS* 值一直在增加。

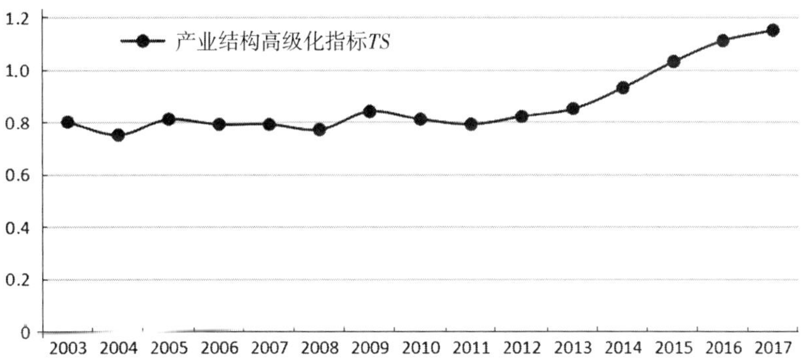

图 4.1　产业结构高级化趋势（2003—2017 年）

第二，我国产业结构合理化发展趋势分析。

产业结构合理化发展意味着资源在行业间的优化配置。现有研究中通常使用结构偏离度指标来测算产业结构合理化，但是该指标忽略了各产业的经济权重差异。本书借鉴干春晖（2011）的研究，采用 *TL* 指数测度方法来衡量产业结构合理化水平。相比结构偏离度指数，*TL* 指数既能反映出各产业的经济权重，还能保留结构偏离度指数的优点，能较好地刻画出产业结构和就业结构的协同发展情况。不难发现，*TL* 指数为 0 时，代表产业与就业的匹配非常合理。*TL* 指数越大，表明产业结构越不合理，产业结构与就业结构不能很好匹配，经济结构的偏离程度越严重；反之，*TL* 指数越小，说明劳动力在产业间的分配越好，三大产业之间越能协同发展。综上，*TL* 指数与产业结构合理化水平呈负相关关系。

根据干春晖(2011)的研究，产业结构合理化指标 *TL* 的计算公式为：

$$TL = \sum_{i=1}^{n}\left(\frac{Y_i}{Y}\right)\ln\left(\frac{Y_i}{L_i}\bigg/\frac{Y}{L}\right)$$

式中：Y 代表某个地区的国内生产总值；Y_i 代表某个地区第 i 产业增加值；i 指三大产业，$i = 1, 2, 3$；L 代表地区总就业人数；L_i 代表第 i 产业的就业人数；n 代表产业部门数；Y_i/Y 代表 i 产业增加值所占比重；L_i/L 代表 i 产业就业结构；Y/L 则代表地区生产率。

根据上文提到的计算方法，测算出 2003 年到 2017 年我国产业结构合理化水平，得到我国产业结构合理化进程趋势，如图 4.2 所示。从图 4.2 中可知，2003 年的 *TL* 指数为 0.322 3，2017 年的 *TL* 指数为 0.127 1，整体下降了 0.195 2，下降幅度达到 60.56%，我国产业结构 *TL* 指数呈现出下降的趋势。根据前文的相关分析可以知道，*TL* 指数越大，意味着产业结构的合理化程度越低。图 4.2 表明，我国产业结构在持续地趋向于合理化且效果显著，产业和就业的匹配情况也得到明显改善。

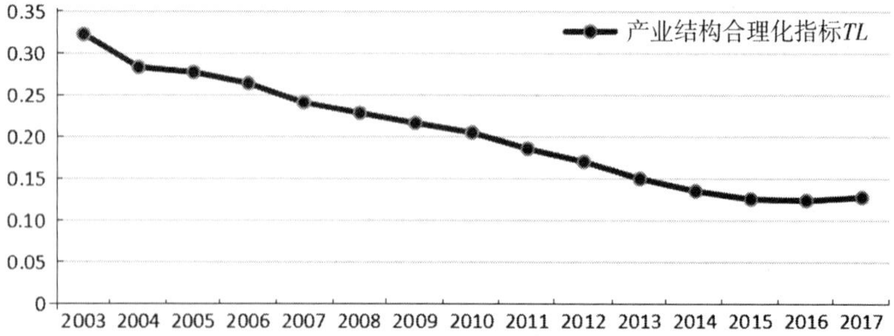

图 4.2　2003—2017 年我国产业结构合理化情况

4.2.2　地区层面产业结构高级化与合理化分析

第一，东、中、西部产业结构高级化水平对比。

图 4.3 是我国东、中、西部地区产业结构高级化水平变化趋势。如图 4.3 所示，整体而言，我国东、中、西部地区的产业高级化水平呈上升趋势，但是三大地区的上升幅度存在较大差异。2007 年之前，西部地区的 *TS* 值最高，其次是东部地区，最后是中部地区，表明 2007 年之前三大地区的产业结构高级化发展速度依次为西部、东部、中部。2007 年之后，东部地区的 *TS* 值超过西部地区并持续变大。2013 年之前，东、中、西部的 *TS* 值均小于 1，说明 2013 年以前制造业在各地区占据主导地位。2013 年之后，我国东部地区部分城市进入后工业化时代，即服务业比重不断上升，*TS* 值超过 1，说明东部地区的产业重心从第二产业制造业逐渐向第三产业服务业转移。从图 4.3 可知，欠发达地区存在产业结构高级化赶超现象，2016 年之后，西部地区 *TS* 值超过 1，低于东部地区，却高于中部地区。

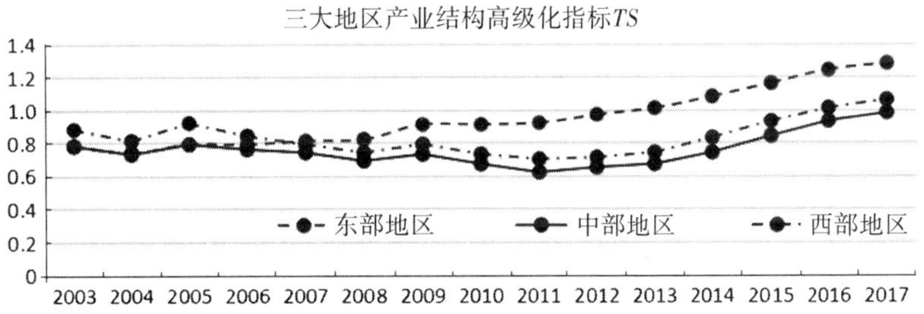

图 4.3　东、中、西部地区产业结构高级化情况（2003—2017 年）

第二，东、中、西部地区产业结构合理化水平比较分析。

如图 4.4 所示，总体上，东、中、西部地区的 *TL* 指数呈现下降趋势，产业结构合理化水平存在明显的梯度差异。根据 *TL* 指数的定义可知，*TL* 指数越大，产业结构合理化水平越低；反之，产业结构则越合理。由此可见：东、中、西部地区的产业结构是日趋合理化的，但是各地区产业结构的合理化程度不一，呈现出区域异质性。东部地区 *TL* 指数较低，产业结构合理化水平较高；中部地区次之；西部地区 *TL* 指数最高，产业结构合理化程度最低。简而言之，经济越发达的地区，产业结构合理化水平越高。从另一个层面来看，*TL* 指数越大，表明就业结构与产业结构越不匹配，地区间产业结构合理化水平的梯度差异，说明地区产业结构与就业结构的偏离程度存在差异。综上，我国东、中、西部地区就业结构与产业结构升级方向没有保持较高水平的一致，三大地区的产业结构与就业结构的不匹配是阻碍产业结构优化升级的重要原因。

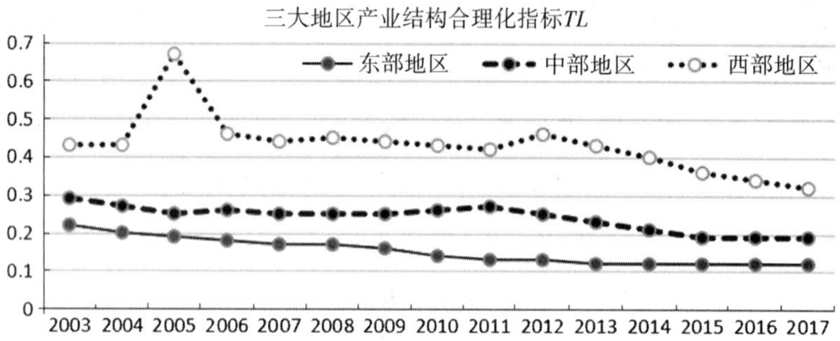

图 4.4　东、中、西部地区产业结构合理化分析

4.3　城市产业多样化发展水平分析

2008 年次贷危机以来，我国外向型经济受到严重冲击，部分地区陷入企业倒闭潮、民工荒、经济衰退等多重困境，彻底暴露了部分地区产业结构的脆弱性，其重要的原因在于过于单一的产业结构会牺牲产业间的外部性，可能导致区域经济被“锁定”于部分产业或同一经济周期。上述现象使得政府和学界更加关注产业多样化发展的问题。事实上，适度多样化有助于地区分散单个产业遭遇冲击带来的风险，专业化与多样化并不是严格对立的，是一种相对程度上的差异。

目前，产业专业化与多样化的不同外部性（MAR 外部性、Jacobs 外部性）对经济增长的促进作用已基本达成共识，两者确实共生于经济结构之中。此外，多样化能反映出地区内部不同产业间的经济关系。从经济与技术的紧密程度来看，多样化集聚可以分为相关多样化集聚与不相关多样化集聚（Koen，2007）。已有研究普遍关注产业多样化的外部性、就业效应、创新等方面对地区经济发展的影响。资金、技术及外部性细分与拓展有利于城市规模经济发展，同时，多样化能促进地区经济集聚（李金艳 等，2008）。更重要的是，多样化能够促进创新思想的形成与知识溢出(任晶 等，2008)。从制造业来看，相关多样化与不相关多样化能显著促进地区就业率，但是对劳动生产率的影响不显著(张德常，2009)。地区产业多样化的差异化程度与地区产业结构的初始状态和产业发展方向有关，使得产业多样化对经济增长的作用同样存在地区差异，张德常(2009)还指出，中、西部地区应该通过产业多样化发展来寻找新的经济增长点。从地区产品结构来分析产业多样化程度发现，影响产品需求的众多因素通过影响企业创新绩效，进一步对地区产业多样化程度产生异质性影响。例如，在竞争激烈的市场环境中，企业会通过产品的差异化供给来获得利润，竞争会促进企业创新并提高多样化水平。相反，垄断虽然能够带来超额利润并促进创新，但是有可能导致技术溢出效应和产业的外部性效应减弱，因此，垄断可能导致产业多样化程度降低。

本书借鉴 Frenken(2007)等的研究，采用熵值法计算产业多样化发展水平(VAR)，并根据产业间的经济与技术关系，进一步将多样化分解为相关多样化(RV)和无关多样化(UV)。其中，相关多样化(RV)衡量了大类部门内部之间关联性较强的细分行业的多样化程度，是相似领域或者技术相近的产业群体在空间层面集中分布的模式；无关多样化(UV)衡量了经济系统内关联性较弱的各大类部门之间的多样化，是没有明显技术经济联系的产业在特定地区分布的产业格局，可以表示城市应对风险的组合效应。

假设三位数产业增加值占全部产业增加值的比重为 p_i，多样化的公式为：

$$VAR - \sum_{i} p_i \ln\left(\frac{1}{p_i}\right)$$

假定三位数产业 i 属于两位数产业部门 S_g，其中 $g = 1, 2, \cdots, G$。以 P_g 代表两位数产业占全部产业的比重，以 P_i 代表三位数产业与全部产业的比重，产业相关多样化的公式可以写成如下形式：

$$P_g = \sum_{i \in S_g} P_i$$

相关性多样化(RV)可以表示为所有两位数产业下三位数产业部门的熵指数：

$$RV = \sum_{g=1}^{G} P_g H_g$$

$$H_g = \sum_{i \in S_g} (P_i / P_g) \ln(P_g / P_i)$$

而无关性多样化指数(UV)可以表示为两位数水平上的熵指数：

$$UV = \sum_{g=1}^{G} P_g \ln(1 / P_g)$$

从城市层面来看，依据上式可以计算得到我国城市 2017 年、2012 年、2007 年三个年份的总体多样化、相关性多样化和无关性多样化指数，全部数据来源于《中国城市统计年鉴》。其中，将服务行业进一步划分为生产性服务业、消费性服务业、流通性服务业、社会性服务业①。2017 年，总体多样化指数前 20 名的城市分别为：拉萨市、深圳市、北京市、厦门市、珠海市、舟山市、克拉玛依市、上海市、成都市、杭州市、海口市、嘉峪关市、南京市、盘锦市、太原市、乌鲁木齐市、天津市、东莞市、儋州市、贵阳市。2012 年，总体多样化指数前 20 名的城市分别为：深圳市、拉萨市、北京市、厦门市、广州市、珠海市、杭州市、克拉玛依市、上海市、盘锦市、海口市、乌鲁木齐市、天津市、太原市、宁波市、东营市、济南市、武汉市、鹤岗市、昆明市。2007 年，总体多样化指数前 20 名的城市分别为：深圳市、海口市、北京市、新余市、珠海市、克拉玛依市、盘锦市、广州市、上海市、乌鲁木齐市、乌海市、太原市、银川市、鹤岗市、天津市、大庆市、武汉市、双鸭山市、杭州市、兰州市。2007 年、2012 年、2017 年排名前 20 名的城市总体多样化指数均值分别为 1.045、1.130、1.356，多样化指数逐渐提高。总体多样化指数排名前 20 名的城市中，东部地区城市要多于中西部地区城市。经济发达的东部城市拥有较好的产业基础和齐全的产业门类，因此产业多样化水平较高；而多数中西部城市产业规模较小，产业

① 生产性服务业包括金融业，房地产业，租赁和商务服务业；消费性服务业包括住宿和餐饮业，居民服务和其他服务业，文化、体育和娱乐业；流通性服务业包括交通运输、仓储及邮政业，信息传输、计算机服务和软件业，批发和零售业；社会性服务业包括科学研究、技术服务和地质勘探业，水利、环境和公共设施管理业，教育，卫生、社会保障和社会福利业，公共管理和社会组织。这样，在 19 个小类部门基础上确定了 6 个大类部门，具体为第一产业、第二产业、生产性服务业、消费性服务业、流通性服务业和社会性服务业。

基础相对较弱，主导产业以制造业为主，第三产业发展相对滞后，产业多样化程度较低。研究还发现，2017 年与 2012 年产业总体多样化排名前 20 的城市有拉萨市、盘锦市等个别经济发展并不突出的城市，城市的产业多样化水平会受到城市经济规模与产业间的经济技术关系等多重影响，拉萨市等经济发展水平相对较低的城市也拥有较为丰富的产业种类。

2017 年，相关多样化指数前 20 名的城市分别为：深圳市、拉萨市、北京市、厦门市、舟山市、珠海市、上海市、克拉玛依市、成都市、东莞市、杭州市、海口市、南京市、太原市、乌鲁木齐市、天津市、三亚市、西安市、贵阳市、攀枝花市。2012 年，相关多样化指数前 20 名的城市分别为：深圳市、北京市、拉萨市、厦门市、克拉玛依市、杭州市、广州市、珠海市、上海市、乌鲁木齐市、太原市、天津市、东营市、盘锦市、宁波市、大庆市、乌海市、银川市、绍兴市、海口市。2007 年，相关多样化指数前 20 名的城市分别为：深圳市、北京市、海口市、克拉玛依市、新余市、珠海市、广州市、乌鲁木齐市、上海市、乌海市、太原市、银川市、天津市、大庆市、盘锦市、兰州市、武汉市、杭州市、贵阳市、济南市。2007 年，排名前 20 名的城市相关多样化指数均值为 0.463 3，2017 年为 0.729。整体而言，城市产业相关多样化发展保持上升趋势，在城市规模经济增长过程中，产业之间的经济技术关系是促进产业发展的重要驱动力。东部沿海城市的相关多样化发展水平更高，东部地区较好的制造业产业基础和外向型经济发展模式，更有助于产业集群式发展。

2017 年，无关多样化指数前 20 名的城市分别为：拉萨市、珠海市、盘锦市、儋州市、舟山市、嘉峪关市、厦门市、克拉玛依市、上海市、杭州市、成都市、佛山市、北京市、苏州市、海口市、深圳市、南京市、太原市、天津市、乌鲁木齐市。2012 年，无关多样化指数前 20 名的城市分别为：拉萨市、深圳市、北京市、珠海市、广州市、盘锦市、厦门市、上海市、杭州市、海口市、克拉玛依市、乌鲁木齐市、鹤岗市、天津市、宁波市、太原市、济南市、武汉市、东营市、南京市。2007 年，无关多样化指数前 20 名的城市分别为：新余市、海口市、盘锦市、深圳市、珠海市、北京市、鹤岗市、克拉玛依市、双鸭山市、广州市、上海市、乌鲁木齐市、乌海市、太原市、银川市、伊春市、嘉峪关市、天津市、鸡西市、武汉市。相比东部地区城市，中西部地区城市的无关多样化发展水平相对较高。虽然中西部大部分城市的产业发育水平较低，但改革开放以来，中西部城市积极承接沿海产业转移，努力对接国家发展战略，逐渐建立起门类齐全的产业体系。

4.4 城市产业结构升级的趋势分析

众多研究采用三次产业产值比来分析产业结构变迁。其中，第三产业产值与第二产业产值的比值(干春晖 等，2011；张捷 等，2013)、第三产业增加值与第二产业增加值的比值(李勇刚 等，2015；杨天宇 等，2014)是用来度量产业结构升级的常用指标。上述指标的优势在于数据收集方便、易于计算，缺点在于忽略了第一产业。需要注意的是，我国部分城市(如黑河市)的第一产业占比仍然较高。为此，本书采用融合了三次产业产值的综合指数(IS)表示城市产业结构升级情况，通过对不同产业赋予不同的权重来计算产业结构升级指数。其中，第三产业权重为3，第二产业权重为2，第一产业权重为1。综合指数(IS)越大，产业结构越高级。具体计算如下：

$$IS=W_1+2W_2+3W_3$$

其中，$W_i(i=1, 2, 3)$表示第 i 产业占 GDP 的比重。W_1、W_2、W_3 简称为第一产业占比、第二产业占比和第三产业占比。该部分样本为中国地级以上城市，采用2003—2017年《中国城市统计年鉴》数据，部分缺失数据来源于《国民经济和社会发展统计公报》。由于每年城市数目有变动以及部分城市(拉萨市、三沙市、昌都市、林芝市、山南市、哈密市、儋州市、昌都市、吐鲁番市)数据缺失，每年的城市样本总量不一样。

第一，通过对全国三次产业数据的计算来分析我国产业结构升级的过程。

2003年，我国三次产业中占比最大的是第二产业(占48.20%)，其次是第三产业(占38.48%)，占比最小的是第一产业(占12.30%)，产业结构的类型属于“二三一”结构。2003—2017年，我国第一产业占比总体上呈现不断下降的趋势，第一产业比重从2003年的12.3%下降到2017年的7.05%，下降了5.25个百分点，农林牧渔业在国民经济中的占比不断下降。第二产业占比呈现先升后降的趋势，从 2003 年的 48.20%下降到 2017 年的 43.12%，下降了 5.08 个百分点。第三产业占比总体上呈现平稳上升趋势，从 2003 年的 38.48%上升至 2017 年的 49.73%，上升了 11.25 个百分点，表明我国第三产业在国民经济中的占比不断上升。具体来看，我国第一产业产值在 2003 年仅为 16 898.57 亿元，2017 年我国第一产业产值达到 58 634.74 亿元。相比第一产业的产值变化，第二、第三产业增速较快，其中，第二产业产值从 2003 年的 66 239.92 亿元增加到 2017 年的 358 752.77 亿元，第三产业产值从 2003 年的 52 877.79 亿元增加到 2017 年的 413 801.92 亿元。到了 2017 年，我国产业结构类型已经是“三二一”结构，三次产业结构变动明显，符合产业变动规律。

表 4.4　2003—2017 年全国产业结构情况

年份	三次产业增加值/万元			三次产业占比/%		
	第一产业	第二产业	第三产业	第一产业	第二产业	第三产业
2003	168 985 686.57	662 399 154.16	528 777 919.22	12.30	48.20	38.48
2004	198 482 288.67	820 869 289.04	614 163 191.52	12.26	50.72	37.95
2005	215 583 210.27	951 923 291.60	775 605 940.10	11.51	50.82	41.41
2006	230 688 086.40	1 136 064 881.93	899 947 454.17	10.51	51.77	41.01
2007	260 407 238.72	1 369 868 662.06	1 078 362 262.49	9.64	50.72	39.93
2008	303 038 230.72	1 655 096 029.19	1 275 776 903.91	9.49	51.84	39.96
2009	322 033 779.17	1 789 067 462.50	1 498 772 242.46	9.24	51.33	43.00
2010	369 328 009.15	2 176 905 982.39	1 758 875 837.70	8.96	52.82	42.68
2011	431 745 217.82	2 634 631 203.45	2 082 677 623.23	8.85	53.99	42.68
2012	474 061 770.70	2 880 180 261.28	2 364 066 829.89	8.80	53.48	43.89
2013	515 472 607.37	3 115 626 302.62	2 663 024 121.71	8.69	52.54	44.91
2014	531 408 089.01	3 237 825 718.23	3 010 975 486.07	8.26	50.31	46.79
2015	555 348 759.55	3 265 427 271.54	3 350 142 922.76	8.06	47.40	48.63
2016	580 778 748.55	3 369 513 689.77	3 734 807 782.39	7.78	45.14	50.04
2017	586 347 396.11	3 587 527 720.86	4 138 019 178.39	7.05	43.12	49.73

第二，从城市层面分析产业结构升级。

根据产业结构综合指数公式，利用2003—2017年的城市面板数据，对我国地级市层面产业结构升级进程进行统计，得到各年地级城市产业结构综合指数(IS)，如表4.5所示。在2003年到2017年，我国城市产业结构总体上呈现出升级的趋势，产业结构综合指数从2003年的217.37上升到2017年的232.74，说明我国产业结构在不断优化升级。我国城市产业结构升级存在两个阶段：2003—2011年，我国城市层面产业结构水平呈现波动上升的特点，产业结构综合指数(IS)变化不太稳定，存在2005—2008年以及2009—2011年两个较为平滑的过渡期；2011—2017年，我国城市层面产业结构综合指数(IS)稳定持续上升，上升幅度明显，说明产业结构处于稳步升级状态。

表4.5　全国地级城市产业结构综合指数 IS(2003—2017年)

年份	样本	均值	标准值	最小值	最大值
2003	286	217.37	13.38	183.49	261.54
2004	286	216.19	13.45	182.23	258.49
2005	286	219.21	14.18	188.40	279.69
2006	286	219.89	13.18	191.51	269.66
2007	286	220.22	13.05	192.75	271.01
2008	286	220.11	13.00	192.66	272.19
2009	286	222.51	13.13	195.00	274.56
2010	286	222.13	13.17	193.29	274.23
2011	287	221.75	13.47	185.70	275.23
2012	286	222.50	13.77	183.12	275.62
2013	288	223.66	13.68	186.67	276.02
2014	288	226.16	13.63	187.76	277.22
2015	289	228.49	13.68	188.19	279.04
2016	290	230.67	13.48	190.35	279.72
2017	290	232.74	13.08	183.48	280.13

表 4.6　2003—2017 年中国不同地区三大产业结构占比情况

年份	东部地区			中部地区			西部地区		
	第一产业占比/%	第二产业占比/%	第三产业占比/%	第一产业占比/%	第二产业占比/%	第三产业占比/%	第一产业占比/%	第二产业占比/%	第三产业占比/%
2003	9.25	51.05	39.70	17.02	46.49	36.49	15.88	44.67	39.45
2004	8.63	52.66	38.71	17.51	47.66	34.83	15.62	46.57	37.81
2005	7.64	51.47	40.88	16.54	46.66	36.79	14.62	44.54	40.84
2006	6.97	51.94	41.10	15.31	48.21	36.48	13.42	47.09	39.48
2007	6.37	51.80	41.83	14.45	49.30	36.25	13.10	48.61	38.29
2008	6.21	51.66	42.12	13.99	50.79	35.22	12.49	50.34	37.18
2009	6.08	49.24	44.68	13.31	50.23	36.46	11.30	49.62	39.07
2010	5.92	49.36	44.72	12.58	52.38	35.05	10.75	51.54	37.71
2011	5.75	49.10	45.15	12.02	54.22	33.76	10.62	52.69	36.69
2012	5.61	47.97	46.42	11.94	53.50	34.57	10.43	52.44	37.17
2013	5.61	47.02	47.37	11.71	52.80	35.49	10.23	51.55	38.22
2014	5.28	45.64	49.08	11.32	50.94	37.74	9.93	49.16	40.91
2015	5.15	43.86	50.99	11.21	48.16	40.63	10.05	46.61	43.34
2016	5.03	42.34	52.62	10.80	46.33	42.88	10.14	44.74	45.12
2017	4.65	41.88	53.45	9.80	45.49	44.77	9.99	43.71	46.34

本章小结

通过分析三次产业变迁、产业结构高级化与合理化、产业多样化水平以及产业结构升级的趋势发现：(1) 2003—2014 年我国三次产业中第二产业占比最高，2012 年之后二、三产业差距缩小，在 2015 年之后形成“三二一”的三次产业发展格局。(2) 全国层面产业结构高级化指数变化分为两个阶段，2011—2017 年上升幅度较为明显。产业结构合理化指标（TL）持续下降，反映出产业结构与就业结构之间的协调关系不断改善。东、中、西部的产业结构高级化指数变化存在不同梯度，东部地区产业结构高级化指标上升显著，中西部地区则呈现先下降后上升的特征，三个地区合理化程度均缓慢提升。(3) 将产业多样化分为相关多样化与无关多样化，2017 年与 2012 年产业多样化及相关多样化排名前 20 的多为经济发展水平较高的城市。(4) 通过产业结构综合指数(IS)分析产业结构升级的趋势变化，2015 年起，全国层面形成“三二一”的产业结构。地区层面各曲线的上升幅度以及变化趋势不一致，东部城市产业结构升级水平明显高于全国水平，而中西部城市明显低于全国水平，中西部地区的产业结构升级水平相差不大，城市产业结构表现出非均衡升级的地域特征。

第5章　产业调整的就业市场均衡效应研究

5.1　产业调整影响城市就业水平的作用机理

产业发展和就业提振一直是国家宏观调控的重要目标。就业是最大的民生，也是社会和谐稳定的保障，更是经济高质量发展的必然要求。虽然在我国经济发展过程中，产业发展推动了就业规模的增长，在一定程度上缓解了就业总量压力，但是很多地区却长期面临着深层次的具有明显群体特征的就业结构性矛盾。比较典型的是，生产性人员的巨大需求无法得到满足，高校毕业生就业压力大，摩擦性失业与结构性失业并存，城市失业群体再就业难，究其原因在于劳动力人力资本结构调整滞后于产业结构调整。国家发展改革委宏观经济研究院课题组(2008)指出，我国三次产业的就业结构落后于工业化进程。当前，就业结构调整滞后于产业结构调整是普遍存在的，所形成的结构偏差，不仅抑制了就业增长，还阻碍了产业结构的高质量转型升级。同时，在产业结构调整过程中，伴随着产业规模增长与技术进步，有产业衰败，也有产业兴起并带动相关产业的发展，产业的兴衰和发展方向引导劳动力在产业之间的转移和流动，必然直接影响着地区就业规模与就业结构。首先，地区产业规模扩张形成对农村剩余劳动力的拉力效应，即劳动力从第一产业转移到第二、第三产业，从农村流动到城镇。其次，新兴产业的发展创造了新的就业机会，对高素质人才的需求增加。同时，一部分劳动力从旧产业转移到新产业，形成产业调整的就业补偿效应。再次，地区内部各产业发展处于非均衡状态，部分产业更新迭代或者紧缩发展，对传统技能劳动力的需求减少，甚至在产业调整过程中产生摩擦性失业和结构性失业，形成产业调整的就业破坏效应。最后，经济发展是一个创造性毁灭的过程，产业结构调整并不是一蹴而就的，各产业在全要素生产率、资本深化程度、生产规模、技术水平、要素结构等方面具有差异，形成了劳动力市场的产业分割，尤其是垄断性产业部门的隔离限制，成为制约就业增长的原因之一。

为了应对外部环境不确定性的冲击，缓解人口红利逐渐消失、外部不确定性影响、后发增长动力不足导致的经济下行压力，继续推进制度与技术创新引领的产业转型升级成为我国经济健康发展的必然选择。为此，中国政府积极推进供给侧结构性改革和高质量发展战略，推动经济增长方式从依靠要素禀赋驱动向创新驱动转变，并将“稳就业”上升到国家战略层面，进一步强调了推进产业转型升级与稳定就业并重的政策导向。根据第七次全国人口普查数据可知，随着我国新型工业化、信息化、农业现代化的深入发展和农业转移人口市民化政策的落实落地，居住在城镇的人口达到 90 199 万人，城镇化率达到 63.89%，流动人口规模达到37 582万人，相比 2010 年增长了 69.73%①。鉴于当前我国经济由高速增长阶段转向高质量发展阶段的特殊性和我国劳动力市场总量就业压力，城镇就业人口规模不断增长与城镇失业人口规模同样呈现上升趋势的矛盾，已有的研究并没有给出明确的解释。实际上，中国改革开放的 40 多年发展历程中，工业化和城镇化进程远快于西方发达国家，技术进步、资本深化作为产业结构转型升级的必要条件，必然使得产业调整处于较高的强度水平。可见，当前严峻的就业形势与产业调整强度、长期的劳动力超供给不无关系。就业人口与失业人口同步增长的矛盾，促使我们对产业调整强度与地区失业率的关联进行深入分析。

在我国城镇化水平不断提高、流动人口规模不断增长以及地区间非均衡发展

① 数据来源：《第七次全国人口普查公报(第七号)——城乡人口和流动人口情况》。

的现实背景下，就业人口增长并不意味着失业人口减少，更不代表失业率的绝对下降，甚至会出现就业人口和失业人口同步增长、失业率上升的现象。解释上述现象，需要从我国地区间非均衡发展格局和地区内部经济结构调整两个视角进行解读。陆铭和陈钊(2008)提出，“在集聚中走向均衡”是实现城乡和区域间协调发展的“第三条道路”，是一条平衡与效率兼顾的道路。改革开放 40 多年的发展历程中，我国积极融入和推进全球化进程，在经济向我国东部沿海地区集聚的过程中形成“做大蛋糕”效应，推动市场整合和区域间分工。可见，“在集聚中走向均衡”既是全球化趋势下市场在资源配置中起决定性作用的体现，也是我国政府顺应市场发展规律，促进劳动力跨地区自由流动、推动土地资源占补平衡等政策改革的结果。与此同时，中西部地区将更有可能基于自身禀赋优势进行定位和参与分工，形成符合自身特点的经济集聚模式和发展路径，以此来嵌入沿海发达地区甚至全球的产业链和价值链，最终得到共享经济集聚过程中的发展红利。进一步思考，“在集聚中走向均衡”不仅解释了包括劳动力在内的资源跨空间配置，实现城乡和区域协调发展的路径，还刻画了市场经济发展规律下政府政策干预的方向，而当前我们需要思考的是，在城市空间内的经济集聚过程中，产业调整能否在提升就业总量的同时降低失业率和提升就业稳定性(“在调整中实现稳就业”)，这已然成为我国促进高质量就业和提高民生福祉的不可回避的问题。因此，有必要通过理清产业调整强度与城市失业率、失业率波动之间的关系来检验“在调整中实现稳就业”的客观性。根据研究需要，文献研究重点关注失业(失业人口规模和失业率)、产业发展与就业增长两个方面。

现有研究从政策、二元结构、劳动力市场分割、产业结构变迁等角度解读失业问题。蔡昉等(2004)指出，逆周期宏观经济政策倾向于通过投资影响就业密集度较低的行业，进而导致经济政策促进就业的作用降低。吴忠民(2003)指出，城乡二元社会存在正式和非正式的工作机会，其中，正式的工作机会能够提供较好的住房、医疗、养老金、失业救济、教育等。两种类型的工作对劳动力群体的影响存在差异，其中，增加正式部门规模会提高失业率；增加正式岗位工资则会降低失业率，原因是减少了正式部门的就业规模。当社会提供的福利越多时，整体失业水平和年轻人失业水平就越高。韩军等(2006)认为，国有企业高度集中导致低失业率，经济转型过程中伴随着国有企业比重下降，劳动力市场自由化程度提高，导致失业率上升。杨金阳等(2014)指出，劳动市场分割导致大学生整体的保留工资对其劳动力市场供给数量的变化不敏感，阻碍市场出清，形成“知识失业”。公共部门和垄断行业的待遇变化对大学生保留工资有较大的影响，当其与竞争部门的工资差距拉大时，“知识失业”将进一步恶化。程永宏(2005)指出，第三产业的发展创造了大量就业机会，尽管就业比重上升，但是失业率并没有因此而下降，原因在于服务业就业规模是由经济体系本身决定的内生变量，难以通过政策人为地提高服务业比重。吴振球等(2013)采用 1995—2011 年省(自治区、直辖市)的数据发现，产业结构合理化、高级化有助于降低失业率，正向转变经济发展方式会提高失业率，同时，实际经济增长率与失业率呈正相关关系，即“高经济增长、高失业率”。高波等(2014)利用 1998—2012 年中国 30 个大中城市面板数据发现：城市房价上涨阻碍农村劳动力流动，导致失业率下降；城乡实际收入差距扩大促使农村劳动力流入城市，导致失业率上升；消除户籍歧视，促使农村剩余劳动力转移，为城市提供了源源不断的劳动力，导致城市失业率上升。黄英伟和陈永伟(2015)发现，金融发展通过缓解企业家面临的融资约束，来增强其创造就业岗位的能力，不仅可以降低经济中的均衡失业率，而且可以降低失业的持续性。高就业创造成本会提高均衡失业率，提高失业的持续性，但是金融发展可以抵消这些负面作用。袁志刚(2006)运用 1995 年 1%的人口抽样调查数据和 2000 年第五次全国人口普查数据进行分析，认为进城农村劳动力增加显著提高城镇失业的现象并未得到证实，虽然城镇中等受教育程度的中年人的失业风险比其他群体更容易受到进城农村劳动力的影响，但是这种影响不足以引起人们的担心。周天勇和张弥(2003)指出，唯有大力发展几千万个中小企业，才能从根本上解决中国的就业难题，而发展中小企业的关键在于创业者。

现有研究主要聚焦三次产业结构与就业结构的关系、产业转型升级对就业增长和就业质量的影响两个方面。

第一，产业结构调整对就业的抑制作用。李娟等(2014)通过对 1998—2007

年工业企业数据进行分析发现，在外部冲击导致工资水平上升的过程中，产业结构升级加剧了劳动者的就业风险和收入波动，尤其在贸易开放背景下，产业转型进一步加剧了劳动力市场波动。何璇和张旭亮(2015)从横向和纵向两个维度分析发现，虽然总体上浙江省产业结构的升级调整促进了就业结构的改善，但是产业结构的纵向升级在一定程度上降低了劳动力需求。杜传忠和许冰(2017)指出，技术水平升级抑制就业结构升级，产业结构升级促进就业增长，但是基于技术水平的产业结构升级对于就业结构升级仍然具有抑制作用。赵领娣和吴栋(2017)在梳理产业结构调整与环境规制的交互作用对我国就业结构的影响作用时发现，产业结构升级转型在某种程度上抑制就业扩张，并且表现出区域异质性的影响。宋锦和李曦晨(2019)指出，2008 年之后我国行业固定资产投资深化破坏了低技能岗位，其破坏速度是创造高技能岗位的 2 倍，制造业经历了低技能劳动力依赖到资本替代就业，再到替代速度放缓的过程。

第二，产业结构调整对就业的促进作用。产业结构与就业结构发展的不协调被认为是制约就业扩张的主要原因，因此，调整和优化产业结构，促进劳动力资源在产业间合理分配，改善两者之间的不协调关系，才能带动就业结构发展。张浩然和衣保中(2011)采用 2003—2008 年 206 个城市的面板数据发现，产业结构的快速调整，尤其是增量结构的快速调整，对城市就业增长产生了显著的促进作用，但是行业之间的劳动力再配置导致的结构性失业对城市就业存在显著的负面影响。马永霞和马立红(2016)指出，我国产业结构与就业结构的确存在失衡，而且东、中、西部的产业结构与就业结构的协调性存在明显差异，第三产业在促进我国产业结构与就业结构的协调性发展中起着重要作用，城市化水平的提高也可以改善两者之间的偏离。景建军(2016)发现，协调性同样存在产业间的差异，表现出“一二三”产业协调性逐渐递增的特征。王军和詹韵秋(2018)发现，产业结构优化对就业规模和就业质量存在改善效应，而且其对就业质量的改善程度是对就业规模改善的 5.93 倍。杨海波和王军(2018)发现，长期来看，产业结构调整与就业质量存在长期均衡关系。短期内，产业结构调整有利于抚平就业质量的波动，这种影响存在西部、东部、中部由大到小递减的区域异质性特征。孙威和何熠(2019)选取 2010—2018 年我国 29 个省、自治区、直辖市的数据，采用 C-D 生产函数进行分析发现，从全国层面来看，产业结构的调整与优化促进了大学生就业水平的提高。陈冲和吴炜聪(2019)对西部地区 26 个子行业的实证分析发现，产业产出增长和产业结构变动能够对就业规模产生促进作用，而资本存量增长和产业结构变动则会抑制就业规模的增长。

第三，产业结构调整对就业存在着促进和抑制的双重影响。Aiginger 等(2001)在探究产业结构调整和经济增长的关系时发现，产业结构的变化对地区就业产生了双重影响，能够根据需求和禀赋变化迅速进行产业结构调整的国家，其经济发展要好于那些被动调整的国家。徐悦和张居营(2015)采用 TSTR 指数度量产业结构变动，通过中国 2002—2012 年 31 个省(自治区、直辖市)的数据来考察产业结构调整强度与全要素生产率对地区就业的影响，发现产业结构调整对于就业存在“双重机制”，既创造就业岗位促进就业，也在一定程度上淘汰了原有的低生产率部门。相比全要素生产率对就业结构的影响作用，产业结构调整与就业之间的相关性更弱。关于就业创造与就业破坏两种效应孰强孰弱的研究中，蒲艳萍(2008)通过梳理我国 1997—2003 年的就业数据与产业数据发现，产业结构调整带来的就业创造效应要大于就业破坏效应。朱轶和熊思敏(2009)发现，产业结构调整不仅影响就业结构与总量的调整，还伴随着由于产业之间的剧烈变动导致的结构性失业对整体就业的破坏效应。采用 TSTR 指数发现，破坏效应对整体就业的影响来自两个方面：一是产业结构升级提升资本有机构成，资本有机构成的提升又会进一步减少相同工作量所需要的劳动力，造成就业破坏效应；二是产业结构调整意味着新产业的诞生与一些产业的衰退甚至消失，原有产业中保存的劳动力会面临失业，产生就业破坏效应。这种就业破坏效应甚至可以抵消产业结构调整带来的就业创造效应。

与已有产业结构调整与就业总量增长的研究不同，本章将围绕产业调整强度与城市失业率展开研究，从城市层面的各子类产业就业人口占比的变化测算产业调整强度，以此来探讨以下几个问题：产业调整强度与地区失业率存在何种关系？产业调整强度越大是否越有助于降低城市失业率？产业调整强度越大是否越有助于就业稳定？这种作用机制是来自城市产业规模扩张还是资本深化？

5.2 数据、指标与模型

该部分实证研究的数据主要来自 2003—2017 年的《中国城市统计年鉴》，涉及的指标包括失业人口、总就业人口、19 个类别行业的就业数据、固定资产投资(ln_*guding*)、资本劳动比(ln_*zlb*)、财政支出(ln_*caizheng*)、人均医生人数(ln_*ysb*)、科学技术支出占比(ln_*kexuebi*)，所有变量均进行对数化处理，描述性统计见表 5.1。失业人口与总就业人口的和表示城市总劳动力数量，失业率则是用失业人口与城市总劳动力数量的比值表示，即失业率＝失业人口/(失业人口＋总就业人口)。反映城市就业波动的变量为失业率变化值(ds)，即两期失业率的差值。失业率和失业率波动变量是本部分的核心被解释变量。产业结构调整强度指数(TSTR 指数)用于衡量城市产业变动强度，具体计算如下：$trts_c = \sum_{i=1}^{n} |q_{i,t+1} - q_{i,t}|$，其中，$q_{i,t+1}$ 表示 c 城市 i 产业在 $t+1$ 期单位从业人员占城市总就业人口的比重，$q_{i,t}$ 表示 c 城市 i 产业在 t 期单位从业人员占城市总就业人口的比重。该指数越大，说明城市产业变动越剧烈，反之则越缓慢。

表 5.1　变量描述性统计

变量	样本量	平均值	标准差	最小值	最大值
ln_*shiyelv*	3 439	−5.295 6	0.647 287 5	−7.697 698	−2.159 034
ln_*guding*	3 703	15.272 4	1.170 443	12.017 77	18.686 73
ln_*zlb*	3 458	9.403 027	1.058 918	6.002 699	12.311 06
ln_*caizheng*	3 132	13.514 33	1.267 791	9.688 684	17.865 15
ln_*ysb*	3 457	−6.416 401	0.476 170 2	−8.197 195	−3.912 023
ln_*kexuebi*	3 131	−4.617 206	1.573 69	−15.538 3	1.533 156
ln_*tstr*	3 678	−3.917 415	2.824 393	−7.834 627	7.360 23
ds	3 176	0.001 305 5	0.366 342 8	−3.732 761	3.712 427

表 5.2 为所有变量之间的相关系数与显著程度。如表 5.2 所示，产业调整强度与失业率、失业率波动之间的系数分别为 0.137、−0.047，且上述两个系数均在 0.01 水平上显著，表明产业结构调整强度越大，城市失业率越高，同时降低了失业率波动，即提升了就业率的稳定性。上述相关性分析仅仅考虑了两个变量之间的表层关系，而未考虑其他因素的影响，尤其是可能存在不可观测的城市特征的影响。为了更加科学地分析我国城市产业调整对城市就业的影响，本书构建了基于 2003—2017 年城市面板数据的估计模型，从更加严谨的计量分析视角解读我国城市产业结构调整对城市就业的影响。

表 5.2 相关性分析

变量	ln_*shiyelv*	ln_*guding*	ln_*zlb*	ln_*caizheng*	ln_*ysb*	ln_*kexuebi*	ln_*tstr*	*ds*
ln_*shiyelv*	1							
ln_*guding*	0.112***	1						
ln_*zlb*	0.321***	0.819***	1					
ln_*caizheng*	0.134***	0.885***	0.743***	1				
ln_*ysb*	0.529***	0.434***	0.650***	0.405***	1			
ln_*kexuebi*	0.054***	0.128***	0.087***	−0.055***	0.113***	1		
ln_*tstr*	0.137***	0.225***	0.277***	0.342***	0.246***	0.056***	1	
ds	0.251***	0.006	0.02	−0.017	0.057***	0.028	−0.047***	1

注：** $p<0.1$，** $p<0.05$，*** $p<0.01$。

本章构建以下面板数据估计模型进行实证检验：

$$Y_{it} = C + \alpha_{it} \ln\_tstr_{it} + \beta_{it}\, control_{it} + i_{dum} + year_{dum} + \varepsilon$$

其中：Y_{it} 表示城市就业的两个被解释变量，即失业率(ln_*shiyelv*) 和失业率波动(*ds*)；ln_$tstr_{it}$ 表示 i 城市在 t 年的产业调整强度；$control_{it}$ 表示控制变量，主要包括固定资产投资(ln_*guding*)、资本劳动比(ln_*zlb*)、财政支出(ln_*caizheng*)、人均医生数量(ln_*ysb*)、科学技术支出占比(ln_*kexuebi*)；i_{dum} 和 $year_{dum}$ 表示城市个体效应和时间效应；α_{it} 是本部分重点关注的待估系数。

5.3　产业调整强度与城市失业率的实证检验

5.3.1　基准回归:全样本估计

表 5.3　基准回归

变量	(1)fe ln_*shiyelv*	(2)re ln_*shiyelv*	(3)fe *ds*	(4)re *ds*
ln_*tstr*	−0.005 87** (0.002 53)	−0.007 01*** (0.002 56)	−0.007 50** (0.003 19)	−0.009 92*** (0.003 07)
ln_*guding*	−0.599*** (0.093 9)	−0.350*** (0.039 4)	−0.499*** (0.118)	0.025 0 (0.016 3)
ln_*zlb*	0.508*** (0.093 9)	0.275*** (0.038 6)	0.501*** (0.118)	0.000 536 (0.0143)
ln_*caizheng*	0.080 1*** (0.014 0)	0.060 5*** (0.013 9)	−0.004 35 (0.017 9)	−0.029 9** (0.012 9)
ln_*ysb*	0.116*** (0.029 3)	0.203*** (0.028 1)	0.038 2 (0.037 0)	0.064 9*** (0.019 8)
ln_*kexuebi*	0.007 17* (0.003 98)	0.005 56 (0.004 02)	0.004 44 (0.005 04)	0.001 01 (0.004 70)
_*cons*	−1.277** (0.577)	−2.081*** (0.301)	3.186*** (0.724)	0.404** (0.190)
N	2 858	2 858	2 841	2 841
Hausman	138.55***		23.75***	
R^2	0.032		0.013	

注:括号中为标准误; ** $p<0.1$, ** $p<0.05$, *** $p<0.01$。

表 5.3 为产业调整强度影响城市就业的基准回归结果。如表 5.3 所示，估计结果的第(1)列和第(2)列是产业调整强度对城市就业水平的影响估计，第(3)列和第(4)列是产业调整强度对城市就业稳定性的影响估计。表 5.3 中，Hausman 检验结果分别为 138.55 和 23.75，上述检验结果均在 0.01 水平上显著，说明采用固定效应模型估计更加可靠，因此，本部分将根据第(1)列和第(3)列的估计结

果展开分析。从系数来看，第(1)列中产业调整强度(ln_*tstr*)的系数为−0.005 78，第(3)列中产业调整强度(ln_*tstr*)的系数为−0.007 50，且两个系数均在0.05的水平上显著，说明在2003—2017年我国城市产业规模扩张过程中，产业调整强度与城市失业率、失业率波动呈显著负相关关系，即产业调整强度越大，城市失业率越低，就业率越稳定。从系数值来分析，城市产业调整强度每提高1个百分点，城市失业率将下降0.005 87个百分点，就业稳定性将提升0.007 50个百分点。

从控制变量来看，城市固定资产投资(ln_*guding*)的系数显著为负，说明城市固定资产投资同样有助于降低城市失业率，提高城市就业稳定性。资本劳动比(ln_*zlb*)的系数显著为正。资本劳动比代表城市资本深化程度，较高的资本劳动比能够提高劳动生产效率。城市经济发展过程中，随着资本劳动比的提高，可能导致城市失业率增加，就业稳定性下降。从其他控制变量来看，第1列中城市财政支出(ln_*caizheng*)、人均医生数(ln_*ysb*)、科学技术支出占比(ln_*kexuebi*)的系数显著为正，说明上述三个方面同样与城市失业率正相关。其中，财政支出反映出城市政府进行社会治理、促进经济发展等职能，在总量就业增加的背景下，政府财政支出对就业可能起到一定的抑制作用。储德银和建克成(2014)指出，政府财政支出中的投资性支出、行政管理支出对劳动就业产生了负面影响。地区人力资本是一个综合性指标，包括就业人员的知识、健康、经验等多个方面，高人力资本意味着高就业概率。有的研究采用地区初中、高中、大学以上在校生人数占比作为教育条件代理变量，有的研究采用“教育事业费支出/地方财政预算内支出”表示人力资本，也有研究采用每万人口医院病床数、人均医生人数作为医疗条件的代理变量。现有研究普遍认为，人力资本高意味着高就业，无论从个体就业还是从地区总量就业来看，上述理论都是成立的，但是在我国城市产业扩张过程中，良好的医疗条件促进地区人力资本提升、就业规模增加，同时也有可能表现出与失业率呈正相关关系。地方性的科研投入是产业转型升级的重要推力，增加科技投入强度，一方面可直接创造就业岗位，扩大地区整体就业规模，另一方面也有可能提高资本劳动比，导致失业人口占比增加。

5.3.2　稳健性检验:替换变量

表 5.4　稳健性检验 1:替换产业调整强度

变量	(1)fe ln_*shiyelv*	(2)re ln_*shiyelv*	(3)fe ln_*shiyelv*	(4)re ln_*shiyelv*	(5)fe ln_*shiyelv*	(6)re ln_*shiyelv*
ln_t_1	−0.005 45** (0.00254)	−0.006 65*** (0.00257)				
ln_t_2			−0.005 07** (0.002 51)	−0.006 28** (0.002 54)		
ln_t_3					−0.005 24** (0.002 52)	−0.006 47** (0.002 54)
ln_*guding*	−0.602*** (0.093 9)	−0.350*** (0.039 4)	−0.603*** (0.093 9)	−0.350*** (0.093 4)	−0.602*** (0.093 9)	−0.350*** (0.093 4)
ln_*zlb*	0.510*** (0.093 9)	0.274*** (0.038 6)	0.510*** (0.093 9)	0.274*** (0.038 6)	0.510*** (0.093 9)	0.274*** (0.038 6)
ln_*caizheng*	0.080 1*** (0.014 0)	0.060 6*** (0.013 9)	0.080 0*** (0.014 0)	0.060 4*** (0.013 9)	0.080 0*** (0.014 0)	0.060 5*** (0.013 9)
ln_*ysb*	0.116*** (0.029 3)	0.202*** (0.028 1)	0.115*** (0.029 3)	0.202*** (0.028 1)	0.116*** (0.029 3)	0.202*** (0.028 1)
ln_*kexuebi*	0.006 76* (0.003 97)	0.005 09 (0.004 02)	0.006 69* (0.003 97)	0.005 00 (0.004 02)	0.006 70* (0.003 97)	0.005 02 (0.004 02)
_*cons*	−1.258** (0.578)	−2.081*** (0.302)	−1.251** (0.578)	−2.079*** (0.302)	−1.253** (0.578)	−2.077*** (0.301)
N	2 855	2 855	2 855	2 855	2 855	2 855
Hausman	139.41***		139.83***		139.95***	
F	23.80***		23.79***		23.79***	
R^2	0.032		0.032		0.032	

注:括号中为标准误; * $p<0.1$, ** $p<0.05$, *** $p<0.01$

2000 年以来，我国房地产行业、建筑行业快速发展，成为很多城市的支柱性产业。为了更科学地分析城市产业调整强度对就业的影响，本书将依次剔除房地产行业、建筑行业以及同时剔除两个行业，重新测算产业调整强度(ln_t_1、ln_t_2、ln_t_3)。该部分采用固定效应模型进行估计。表 5.4 和表 5.5 分别是替换产业调整强度指标后的估计结果。如表 5.4 所示，替换后的系数全部在 0.05 的水平上显著为负，说明房地产行业、建筑行业的快速发展并未改变城市产业调整对降低城市失业率的作用。对比表 5.3 的基准回归系数发现，稳健性检验中产业调整强度的系数(－0.005 45，－0.005 07，－0.005 24)略小于基准回归系数(－0.005 87)，间接说明我国城市产业扩张过程中房地产行业、建筑行业的发展对降低城市失业率的作用是比较弱的。如表 5.5 所示，替换后的城市产业调整强度的系数依然显著为负，说明我国城市产业调整强度与城市失业率波动存在显著的负相关关系，即在我国经济社会发展过程中，城市产业调整强度越大，越有助于就业稳定。仅从表 5.5 的系数来看，替换后的产业调整强度系数(－0.006 53，－0.006 67，－0.006 18)略小于基准估计系数(－0.007 50)，同样说明房地产行业、建筑行业的快速发展对提高城市就业稳定性的作用较弱。从控制变量来看，表 5.4 和表 5.5 中的估计结果与表 5.3 保持一致。通过上述分析可知，基准回归的结果具有较好的稳健性。

表 5.5　稳健性检验 2:替换产业调整强度

变量	(1)fe *ds*	(2)re *ds*	(3)fe *ds*	(4)re *ds*	(5)fe *ds*	(6)re *ds*
$\ln\_t_1$	－0.006 53** (0.003 20)	－0.008 95*** (0.003 09)				
$\ln\_t_2$			－0.006 67** (0.003 16)	－0.008 95*** (0.003 07)		
$\ln\_t_3$					－0.006 18* (0.003 17)	－0.008 52*** (0.003 07)
ln_*guding*	－0.503*** (0.118)	0.025 5 (0.016 3)	－0.502*** (0.118)	0.025 4 (0.016 3)	－0.504*** (0.118)	0.025 7 (0.016 3)
ln_*zlb*	0.504*** (0.118)	－0.000 548 (0.014 4)	0.503*** (0.118)	－0.000 459 (0.014 4)	0.504*** (0.118)	－0.000 901 (0.014 4)
ln_*caizheng*	－0.004 12 (0.017 9)	－0.029 9** (0.012 9)	－0.004 16 (0.017 9)	－0.029 8** (0.013 0)	－0.004 28 (0.017 9)	－0.030 2** (0.012 9)
ln_*ysb*	0.037 4 (0.037 1)	0.064 7*** (0.019 9)	0.037 5 (0.037 1)	0.065 0*** (0.019 9)	0.037 4 (0.037 1)	0.064 8*** (0.019 9)

续表

变量	(1)fe *ds*	(2)re *ds*	(3)fe *ds*	(4)re *ds*	(5)fe *ds*	(6)re *ds*
ln_*kexuebi*	0.004 04 (0.005 04)	0.000 456 (0.004 69)	0.003 97 (0.005 04)	0.000 335 (0.004 69)	0.003 97 (0.005 04)	0.000 341 (0.004 69)
_*cons*	3.213*** (0.726)	0.407** (0.191)	3.203*** (0.726)	0.407** (0.191)	3.221*** (0.726)	0.413** (0.191)
N	2 838	2 838	2 838	2 838	2 838	2 838
Hausman	23.97***		23.69***		23.92***	
R^2	0.012		0.012		0.012	

注：括号中为标准误；* $p<0.1$，** $p<0.05$，*** $p<0.01$。

5.3.3　异质性检验：产业人口扩张与紧缩

在我国经济社会发展过程中伴随着大规模人口流动，成为城市产业扩张的重要支撑力，与此同时，形成了东、中、西部地区的发展差异。那么，城市作为吸收农业转移人口、大学生群体就业的高度集约化的经济单元，是否同样伴随着不断推进的产业人口扩张呢？该部分将对产业人口扩张进行异质性分析，以此来区分产业人口扩张与收缩两种情况下，产业调整强度对就业的影响。

产业人口扩张的区分策略如下：

$$kz_{i,t} = zjy_{t,i} - zjy_{t-1,i}$$

其中：$kz_{i,t}$ 表示总就业人口变化；$zjy_{t,i}$ 表示 i 城市在 t 年的总就业人口，$zjy_{t-1,i}$ 表示 i 城市在 $t-1$ 年的总就业人口，二者之差表示城市产业人口规模相对前一年的变化，大于零意味着产业扩张，小于零意味着产业收缩。

表 5.6 异质性检验:城市产业人口扩张(0-1)

变量	(1)fe ln_*shiyelv*	(2)re ln_*shiyelv*	(3)fe ln_*shiyelv*	(4)re ln_*shiyelv*
ln_*tstr*	−0.010 3* (0.005 49)	−0.007 11 (0.005 59)	0.007 13 (0.024 2)	0.021 1 (0.022 3)
ln_*guding*	−0.529*** (0.093 0)	−0.295*** (0.037 3)	−3.690*** (1.319)	−0.562*** (0.110)
ln_*zlb*	0.411*** (0.088 7)	0.311*** (0.037 4)	3.444*** (1.319)	0.419*** (0.090 6)
ln_*caizheng*	0.063 6*** (0.018 8)	0.112*** (0.018 5)	0.272* (0.140)	0.397*** (0.101)
ln_*ysb*	0.142*** (0.030 2)	0.255*** (0.028 3)	−0.196 (0.145)	0.298*** (0.100)
ln_*kexuebi*	−0.006 68 (0.009 54)	0.012 9 (0.009 49)	−0.017 9 (0.065 0)	0.064 7 (0.048 3)
时间效应	是	是	是	是
_*cons*	−1.220* (0.665)	−3.327*** (0.353)	12.82* (7.520)	−4.079*** (1.284)
N	2 451	2 451	407	407
Hausman	116.31***		−28.74	
R^2	0.042		0.117	

注:括号中为标准误;* $p<0.1$,** $p<0.05$,*** $p<0.01$。

表 5.6 表示基于城市产业扩张的产业调整对城市就业的影响。表 5.6 中,第(1)列和第(2)列是城市产业人口扩张样本的估计结果,通过 Hausman 检验可知,采用固定效应模型优于随机效应模型。从表 5.6 中第(1)列结果可知,产业调整强度系数在 0.1 的水平上显著为负,说明产业人口扩张的城市样本中产业调整强度越大,越有助于降低失业率。对比基准回归系数,表 5.6 中产业调整强度系数为−0.010 3,而基准回归中系数为−0.005 87,说明产业扩张的城市样本中,产业调整更有助于降低失业率,产业调整强度增加 1 个百分点,会降低 0.010 3个百分点的失业率,更加有助于提升就业率。在产业人口收缩的城市样本中,Hausman 检验结果为负数。根据连玉君(2014)的研究,Hausman 检验卡

方值为负数，说明模型设定有问题，或者有内生解释变量，应该选择固定效应模型进行估计和分析。在表 5.6 的第(3)列估计结果中，产业调整强度(ln_*tstr*)的系数不显著，说明在产业人口收缩的城市，产业调整强度对城市就业的影响存在不确定性。综合上述分析，城市产业调整强度对就业率的促进作用是显著存在的，尤其是在产业人口扩张的城市，这种促进就业的作用会更加明显。

表 5.7 表示基于城市产业人口扩张的产业调整强度对城市就业稳定性的影响。该部分同样采用固定效应模型估计结果进行分析。表 5.7 的第(1)列中，城市产业调整强度(ln_*tstr*)的系数在 0.05 的水平上显著为负，意味着在产业人口扩展的城市样本中，产业调整强度与城市失业率呈显著负相关关系，即产业调整强度越大，越有助于促进城市就业水平的提升。对比基准回归结果，表 5.7 中城市产业调整强度系数为−0.015 0，明显大于基准回归中的城市产业调整强度系数−0.007 50，说明在产业人口扩张的城市样本中，产业调整强度对城市失业率的影响更强，其促进就业的效应是全样本估计下的 2 倍。在产业人口减少的样本中，产业调整强度系数不显著为负，说明在此样本中产业调整强度与城市就业之间存在不确定关系。综合上述分析，城市产业调整强度对城市就业稳定性的促进作用是显著存在的，尤其是在产业人口扩张的城市，这种促进就业稳定的作用会更加明显。

表 5.7　异质性检验 2:城市产业扩张(0-1)

变量	(1)fe *ds*	(2)re *ds*	(3)fe *ds*	(4)re *ds*
ln_*tstr*	−0.015 0** (0.007 23)	−0.020 8*** (0.006 40)	−0.006 16 (0.026 3)	0.000 509 (0.020 1)
ln_*guding*	−0.408*** (0.122)	0.0328* (0.019 7)	−3.220** (1.421)	−0.141* (0.0833)
ln_*zlb*	0.379*** (0.116)	0.0143 (0.018 1)	3.151** (1.420)	0.0833 (0.066 5)
ln_*caizheng*	−0.008 61 (0.025 2)	−0.019 4 (0.017 9)	0.044 3 (0.151)	0.115 (0.082 3)
ln_*ysb*	0.043 2 (0.040 1)	0.029 2 (0.023 0)	−0.278* (0.157)	0.0536 (0.079 4)

续表

变量	(1)fe *ds*	(2)re *ds*	(3)fe *ds*	(4)re *ds*
ln_*kexuebi*	0.026 3** (0.012 8)	0.016 1 (0.009 99)	0.024 0 (0.070 3)	0.027 8 (0.040 2)
时间效应	是	是	是	是
_*cons*	3.118*** (0.876)	−0.136 (0.259)	16.42** (8.107)	
N	2 438	2 438	403	403
Hausman	−245.61		12.47***	
R^2	0.023		0.061	

注:括号中为标准误;* $p<0.1$,** $p<0.05$,*** $p<0.01$。

5.3.4 内生性处理:工具变量估计

表 5.8 产业调整强度与城市就业的工具变量估计(1)

变量	(1)fe(i)	(2)fe(iiv)	(1)re(iiv)
ln_*tstr*	−0.006** −0.003	−0.039** −0.018	−0.083*** −0.022
ln_*guding*	−0.599*** −0.094	−1.061*** −0.156	−0.491*** −0.073
ln_*zlb*	0.508*** −0.094	0.938*** −0.161	0.389*** −0.051
ln_*caizheng*	0.080*** −0.014	0.207*** −0.061	0.222*** −0.069
ln_*ysb*	0.116*** −0.029	0.061* −0.034	0.219*** −0.037
ln_*kexuebi*	0.007* −0.004	−0.013 −0.01	−0.021* −0.011
_*cons*	−1.277** −0.577	−0.629 −1.14	−3.575*** −0.559

续表

变量	(1)fe(i)	(2)fe(iiv)	(1)re(iiv)
N	2 858	2 284	2 284
Hausman			−9.49
DWH 检验	−38.43		
Davidson-MacKinnon test		3.737**	
Sargan-Hansen statistic		0.00	
R^2	0.032		0.008

注：括号中为标准误；* $p<0.1$，** $p<0.05$，*** $p<0.01$

该部分采用工具变量估计进行内生性问题处理，采用产业调整强度的滞后项作为工具变量，具体估计结果如表 5.8 所示。其中，Hausman 检验的卡方值为负值，说明模型设定有问题，或者存在内生变量，选择固定效应模型更加合适。该部分估计样本量为 2 858，工具变量估计样本量为 2 284，采用滞后项作为工具变量会导致一部分样本损失，上述样本估计下的 DWH 检验出现负值，再次证明上述模型设定有问题，DWH 检验的基本假设无法满足。为此，该部分对上述估计进行 DMK 内生性检验，拒绝"OLS 与工具变量估计一致"原假设，说明基准回归的确存在内生性问题，进而导致估计偏差。该部分将根据表 5.8 的第(2)列进行分析，产业调整强度的系数为−0.039，在 0.05 的水平上显著。一方面，说明产业调整强度与城市失业率显著负相关，即产业发展过程中产业调整强度越大，越有利于降低失业率；另一方面，比较基准回归可知，工具变量估计的系数绝对值明显大于基准回归估计值，说明不考虑内生性因素可能导致产业调整强度对就业的影响被低估。根据工具变量估计可知，产业调整强度提高 1 个百分点，可以显著降低失业率 0.039 个百分点。

表 5.9 表示产业调整强度与就业稳定性的工具变量估计结果。根据 Hausman 检验结果，采用固定效应模型进行分析，DWH 检验出现负值，说明模型设定有问题，存在内生性问题，导致 DWH 检验的基本假设无法满足。该部分将根据表 5.9 的第(2)列估计结果进行分析，产业调整强度的系数为−0.213，在 0.1

的水平上显著，说明城市产业调整强度增大有助于降低失业率波动，即提高就业稳定性。对比基准回归，工具变量估计系数绝对值明显大于基准估计系数绝对值，说明在内生性变量影响下，产业调整强度对就业稳定性的作用被低估了。根据工具变量估计结果，城市产业调整强度提高 1 个百分点，可以显著降低城市失业率波动 0.213 个百分点。

表 5.9　产业调整强度与就业稳定性的工具变量估计

变量	(1)fe	(2)fe(iv)	(3)re(iv)
ln_*tstr*	−0.000 091	−0.213*	−0.031
	−0.007	−0.124	−0.025
ln_*guding*	−0.562***	−0.761***	0.032
	−0.123	−0.179	−0.027
ln_*zlb*	0.528***	0.745***	−0.015
	−0.118	−0.18	−0.024
ln_*caizheng*	−0.008	−0.073*	−0.031
	−0.025	−0.045	−0.024
ln_*ysb*	0.022	0.007	0.056**
	−0.038	−0.052	−0.025
ln_*kexuebi*	0.023*	0.007	0.002
	−0.013	−0.018	−0.012
i. year	是	是	是
_*cons*	3.864***	6.849***	0.613*
	−0.856	−1.625	−0.322
N	2 841	2 566	2 566
Hausman			24.47
DWH 检验	−5.98		
R^2	0.019		0.001

注：括号中为标准误；* $p<0.1$，** $p<0.05$，*** $p<0.01$

5.4　拓展分析:分位数回归

表 5.10　分位数估计

变量	(1)Q25 ln_*shiyelv*	(2)Q50 ln_*shiyelv*	(3)Q75 ln_*shiyelv*	(4)Q25 *ds*	(5)Q50 *ds*	(6)Q75 *ds*
ln_*tstr*	−0.008 89*** (0.003 37)	−0.006 74* (0.003 64)	−0.001 62 (0.003 35)	−0.017 3*** (0.004 85)	−0.004 95 (0.003 14)	0.006 51 (0.004 62)
ln_*guding*	−0.839*** (0.260)	−0.461* (0.268)	−0.324 (0.255)	−0.886*** (0.275)	−0.398 (0.295)	−0.0911 (0.300)
ln_*zlb*	0.803*** (0.257)	0.397 (0.265)	0.242 (0.255)	0.880*** (0.271)	0.381 (0.294)	0.061 4 (0.294)
ln_*caizheng*	0.002 59 (0.019 9)	0.027 1 (0.016 6)	0.058 3*** (0.015 6)	−0.006 79 (0.018 6)	0.000 488 (0.017 0)	0.007 22 (0.021 1)
ln_*ysb*	0.046 0* (0.023 5)	0.019 4 (0.022 1)	0.002 09 (0.022 2)	−0.000 259 (0.034 0)	−0.009 94 (0.024 1)	−0.006 17 (0.029 8)
ln_*kexuebi*	−0.020 5*** (0.006 52)	−0.013 6* (0.008 21)	−0.004 32 (0.008 58)	0.001 45 (0.007 21)	0.005 24 (0.006 21)	0.008 69 (0.007 95)
地区效应	是	是	是	是	是	是
时间效应	是	是	是	是	是	是
_*cons*	1.155 (2.003)	−1.622 (2.031)	−2.512 (1.913)	6.275*** (2.086)	2.912 (2.128)	0.954 (2.199)
N	2 858	2 858	2 858	2 841	2 841	2 841
R^2	0.682 2	0.680 6	0.700 7	0.121 0	0.047 8	0.128 0

注:括号中为标准误; * $p<0.1$, ** $p<0.05$, *** $p<0.01$。

传统线性估计模型中普遍采用最小二乘估计，主要描述因变量的条件均值分布受自变量的影响，如果随机误差项服从正态分布，那么 OLS 估计结果为最小方差无偏估计。然而，在现实经济生活中，这种假设很难得到满足，尤其是存在严重异方差、厚尾、尖峰等情况时，OLS 估计常常是有偏估计，而且线性拟合的信息挖掘是有限的。为此，该部分采用分位数回归进行拓展分析，以提高研究结论的稳健性。分位数估计相比 OLS 估计的应用条件更加宽松，有助于挖掘更多的数据信息。表 5.10 表示城市产业调整强度与就业(失业率、就业稳定性)的分位数估计结果。从表 5.10 中第(1)列至第(3)列估计结果来看，在 25 分位和 50 分位估计中，产业调整强度系数分别为−0.008 89 和−0.006 74，分别在0.01 和 0.1 的水平上显著，但是 75 分位估计的结果不显著。由此可知，城市产业调整强度越大，越有助于降低失业率，但是不同失业率下的就业率提升速度存在差异。在低失业率城市中，产业调整对就业的促进作用强；而在高失业率城市中，产业调整对就业的促进作用有限或存在统计上的不确定性。同时，对比基准回归中的均值估计结果，50 分位上的估计系数绝对值明显大于均值估计系数绝对值，说明在全样本中，城市产业调整对就业的影响还是被低估了，在产业发展过程中，城市之间的就业水平差距可能越来越大，即有的城市失业率会越来越低，而有的城市失业率会越来越高。

从表 5.10 中第(4)列至第(6)列估计结果来看，仅 25 分位估计结果是显著的，且系数绝对值(0.017 3)明显大于 50 分位、75 分位以及基准回归均值估计系数绝对值，说明在原本失业率低的城市，就业更加稳定，城市产业调整对城市就业稳定的作用越强。

5.5 拓展分析:交互效应

在我国城市产业发展过程中，伴随着城市经济的资本深化和城市人口规模的增长，该部分将进一步拓展分析，探讨城市资本深化和人口集聚可能存在的影响。其中，城市资本深化采用城市资本劳动比作为代理变量，城市人口集聚采用城市人口密度指标作为代理变量，以此来构建对应的交互项:城市人口密度 * 产业调整强度($\ln\_mt_0$)、资本深化 * 产业调整强度($\ln\_zlt_0$)。估计结果见表5.11和表 5.12。

表 5.11　人口密度与产业调整强度的交互影响

变量	(1)fe ln_*shiyelv*	(2)re ln_*shiyelv*	(3)fe *ds*	(4)re *ds*
$\ln\_mt_0$	−0.006 52**	−0.007 06***	−0.007 35**	−0.008 17***
	(0.002 66)	(0.002 69)	(0.003 31)	(0.003 01)
ln_*guding*	−0.589***	−0.351***	−0.483***	0.0241
	(0.098 3)	(0.040 2)	(0.122)	(0.017 3)
ln_*zlb*	0.494***	0.269***	0.488***	−0.001 86
	(0.098 2)	(0.039 2)	(0.121)	(0.015 2)
ln_*caizheng*	0.082 4***	0.063 1***	−0.007 61	−0.029 5**
	(0.0151)	(0.0149)	(0.0190)	(0.0138)
ln_*ysb*	0.128***	0.234***	0.042 2	0.073 1***
	(0.032 8)	(0.031 0)	(0.041 0)	(0.021 5)
ln_*kexuebi*	0.007 31*	0.005 62	0.004 30	0.001 31
	(0.004 16)	(0.004 21)	(0.005 21)	(0.004 87)
_*cons*	−1.217**	−1.799***	3.180***	0.541***
	(0.611)	(0.319)	(0.758)	(0.204)
N	2 573	2 573	2 556	2 556
Hausman	125.6***		20.72***	
R^2	0.034		0.013	0.065

注：括号中为标准误；* $p<0.1$，** $p<0.05$，*** $p<0.01$。

表 5.11 为人口密度与产业调整强度的交互影响估计结果。根据 Hausman 检验，采用固定效应模型进行分析优于随机效应模型。第(1)列中交互项系数在 0.05 水平上显著，系数为−0.006 52，其绝对值大于基准回归系数的绝对值，说明随着城市人口密度增加，或者说伴随着城市人口规模扩张，城市产业调整更有助于降低城市失业率。第(3)列中交互项系数为−0.007 35，在 0.05 水平上显著，其绝对值略小于基准回归中产业调整强度系数绝对值 0.007 50，说明在城市人口增加的过程中，产业调整对城市就业稳定的作用依然存在，但是作用强度略

有降低。

表 5.12 资本深化与产业调整强度的交互影响

变量	(1)fe ln_*shiyelv*	(2)re ln_*shiyelv*	(3)fe *ds*	(4)re *ds*
ln_zlt_0	−0.006 44** (0.002 55)	−0.005 27** (0.002 57)	−0.008 05** (0.003 20)	−0.009 15** (0.002 87)
ln_*guding*	−0.095 2*** (0.019 0)	−0.096 2*** (0.018 5)	−0.000 085 9 (0.024 0)	0.030 7** (0.014 1)
ln_*caizheng*	0.075 0*** (0.014 1)	0.063 0*** (0.014 0)	−0.009 56 (0.017 9)	−0.030 1** (0.012 9)
ln_*ysb*	0.121*** (0.029 5)	0.246*** (0.027 6)	0.043 1 (0.037 2)	0.072 2*** (0.016 9)
ln_*kexuebi*	0.005 50 (0.003 99)	0.004 50 (0.004 05)	0.002 73 (0.005 04)	0.000 779 (0.004 68)
_*cons*	−4.025*** (0.287)	−3.065*** (0.272)	0.462 (0.362)	0.460*** (0.172)
N	2 858	2 858	2 841	2 841
Hausman	165.13***		4.05	
R^2	0.021	0.315 2	0.005	0.107

注：括号中为标准误；* $p<0.1$，** $p<0.05$，*** $p<0.01$。

表 5.12 为资本深化与产业调整强度的交互影响估计结果。由 Hausman 检验结果可知，可采用固定效应模型估计结果分析资本深化与产业调整交互作用的影响。第(1)列估计结果中交互项系数值为−0.006 44，在 0.05 水平上显著，其绝对值略大于基准估计中产业调整强度系数绝对值。在基准回归中，资本劳动比系数显著为正，说明资本深化单方面导致失业率上升。资本深化与产业调整交互项系数表明，城市产业调整可以减弱或消除资本深化对就业的负面影响，甚至在产业扩张型调整中，对劳动力的吸纳能力还会增强。通过第(3)列和第(4)列估计中的 Hausman 检验可知，采用随机效应模型优于固定效应模型，该部分根据第(4)列估计结果进行分析。其中，资本深化与产业调整的交互项系数为−0.009 15，

且在 0.05 水平上显著，比基准回归中产业调整强度系数(−0.009 92)绝对值略小，而且在基准回归中资本深化指标(资本劳动比 ln_zlb)系数是显著为正的，说明资本深化过程会导致城市就业稳定性下降，城市产业调整可以减弱或消除资本深化对就业稳定的负面影响。

本章小结

在理论研究中发现，产业调整对就业产生了双重影响，既有就业创造效应，又有就业破坏效应。然而，现有研究较少从中国城市层面，从子类产业就业波动方面来测算产业调整强度，并检验产业调整强度对就业的影响。实证研究发现：(1) 2003—2017 年间，在我国城市产业规模扩张过程中，产业调整强度与城市失业率、失业率波动呈显著负相关关系，即产业调整强度越大，城市失业率越低，就业率越稳定。(2) 通过替换核心变量(就业指标和产业调整强度指标)、工具变量估计稳健性检验，发现上述结论依然稳健。(3) 在中国工业化和城市化发展过程中，伴随着产业结构变迁和大规模的人口流动，进而使得城市产业存在扩张与紧缩两种状态，进一步实证研究发现，城市产业调整强度对城市就业率、就业稳定性的促进作用是显著存在的，尤其在产业人口扩张的城市，这种促进就业率和就业稳定的作用会更加明显。(4) 分位数估计表明，在全样本中，城市产业调整强度对就业的影响还是被低估了。在产业发展过程中，城市之间的就业水平差距可能越来越大，即有的城市失业率会越来越低，而有的城市失业率会越来越高。在原本失业率低的城市，就业更加稳定，城市产业调整强度对城市就业稳定的作用越强。(5) 考虑到城市资本深化、人口规模两种因素可能与产业调整强度存在协同影响，通过交互效应检验发现，在城市人口密度增加的过程中，城市产业调整有助于降低城市失业率，对城市就业稳定的作用依然存在，但是作用强度略有降低。城市产业调整可以减弱或消除资本深化对就业的负面影响，甚至在产业扩张型调整中对劳动力的吸纳能力还会增强。资本深化过程会导致城市就业稳定性下降，城市产业调整可以减弱或消除资本深化对就业稳定的负面影响。

第6章　产业多样化发展与城市就业的实证分析

6.1　产业多样化发展影响城市就业的理论机制

就业是民生之本。2018年7月，中共中央政治局会议提出的做好经济工作的“六稳”中，将稳就业放在首位。2019年，《政府工作报告》首次将就业优先政策置于宏观政策层面，并强调“稳增长首要是为保就业”。2020年，新冠疫情冲击就业市场，中小企业经营承压，引致劳动力需求下降、返乡劳动力暂时性滞留、校园招聘会被取消、收入断档等问题，增加了稳就业的难度。稳就业，不仅有助于增强战胜疫情的社会信心，对于疫后经济社会的持续稳定发展也具有稳定器作用。通过经济结构调整与产业结构转型提高经济韧性，有效化解结构性就业矛盾，已成为我国经济持续健康发展的主要挑战。为此，本章将从产业结构调整强度和劳动力再配置的视角，探讨我国产业多样化发展对地区就业的影响机制，以期为稳就业提供对策建议。

新古典经济学的分工理论认为专业化分工提高劳动生产率，地区经济增长源于基于比较优势的专业化分工，产业专业化有利于知识溢出和经济发展（MAR外部性），有助于形成共享的劳动力市场和种类齐全、低成本的产品（包括中间产品）市场，在一个地区出现某类产业集中，形成产业专业化发展优势。

Izraeli 和 Murphy(2003)发现，区域产业专业化发展过程中，地区经济对外部环境更加敏感，经济周期、政策不确定性等因素可能导致需求急剧下降或成本攀升，意味着专业化劳动力需求的下降，加之区域内产业结构过于单一、劳动力流动性不足等影响，地区就业水平可能出现明显下降。可见，要素禀赋和外部市场的变化会导致这种专业化发展出现锁定效应。事实上，产业多样化发展同样有助于经济增长和稳定。Jacobs(1969)提出，在不同产业的集聚过程中更容易发生知识和技术溢出，在集聚过程中形成的产业多样化比专业化更有助于经济增长(Jacobs 外部性)。Attaran(1986)采用美国 50 个州和哥伦比亚地区的数据，研究发现地区产业多样化发展和失业率存在负相关关系，并指出其来自产业多样化发展带来的投资组合的风险分散效应。Claeser(1992)不仅证实了区域间竞争和城市产业多样化发展有利于产业增长，还证实了产业多样化形成的 Jacobs 外部性有助于地区就业增长。Diamond 和 Simon(1990)、Izraeli 和 Murphy(2003)采用赫芬达指数测算美国不同时期的地区数据，在控制空间因素后，发现产业多样化有利于减少失业。经济稳定源于具有风险分散效应的产业多样化格局，多样化发展有利于达成经济增长和降低失业率的多重目标(Wagner et al.，1998)。Siegel(1995)提出，产业多样化发展的过程既与地区产业规模有关，也与产业间的经济、技术联系有关。Simon(1998)指出，产业多样化有利于就业，但是大部分就业波动不是摩擦性失业造成的。从工作搜寻角度来看，高度的产业多样化并不意味着较低的失业率，同时，产业多样化的失业减少效应强于失业增加效应。Boschma 和 Lammarino(2007)指出，产业部门之间知识互补是外溢效应的基础，产业之间具有密切的相关性则更容易相互学习和创新。因此，单纯的产业划分并不能真实反映各产业从业人员的知识结构、技术差别以及技术溢出，这也是产业多样化产生不同的经济效果的原因。Frenken(2007)进一步将产业多样化分解为相关多样化和无关多样化，从产业间的经济联系解释产业多样化的知识溢出和投资组合效应。其中，相关多样化有利于产生 Jacobs 外部性，而无关多样化衡量的是经济或技术联系较弱的产业部门的分布状态，无关多样化能够有效缓解外部冲击在部门间的传递，表现出有利于经济稳定的投资组合效应。这种分类方法有效解决了专业化与多样化的对立矛盾。Basile(2012)通过构建半参数空间自回归模型，对2004年至2008年意大利劳动力市场数据进行估计，发现外部冲击对不同产业存在非对称效应，产业转移和专业化发展对劳动力市场产生了负面影响，而产业多样化发展有利于降低失业率，意味着地区以高度专业化的低敏感产业为主，那么地区经济将承受较少的外部冲击。有学者从地区经济发展的不同阶段展开研究。孙晓华和柴玲玲(2012)延续Frenken(2007)的理论框架，采用熵值法将地区产业多样化分解为相关多样化和无关多样化，发现相关多样化对区域经济增长和经济稳定具有显著促进作用，无关多样化不利于经济增长但有助于提高经济稳定性。在进行分段回归后发现，在外部状况良好时，相关多样化的稳定状况较为明显，当遭遇外部冲击时，相关多样化的稳定作用被削弱甚至逆转，而无关多样化则始终发挥经济稳定器的功能。Chiang(2009)采用台湾数据检验产业多样化的投资组合效应，发现2001—2004年的经济低谷期，产业多样化有利于减少失业(负相关)；而在经济繁荣时期，产业多样化发展会导致失业增加(正相关)。同时，有研究得出截然相反的结论，Barkume(1981)认为，多样化的产业结构会增加搜寻匹配时间，导致失业增加。Kort(1981)和Trendle(2006)发现，产业多样化结构可能导致经济稳定下降。国内研究主要关注地区产业多样化的影响因素与趋势(袁旭宏 等，2019；苏华，2012)，从相关理论机制阐述我国产业多样化与就业的关系(黄乾，2009；Fu et al.，2010)。

产业结构变迁是创新和破坏并存的过程，必然导致产业结构调整对当地就业市场的双重影响。一是产业结构转型和升级是生产要素从低效率部门流向高效率部门的再配置过程，促进新兴产业发展，增加劳动力的需求。二是产业结构变迁意味着资本深化和旧产业的衰退，必然导致失业增加(张浩然 等，2011)。Aigenger(2001)认为，产业结构调整包括主动调整和被动调整，对就业市场产生双向影响。能够根据外部需求变化和禀赋变化积极进行产业结构调整的国家，比受到外部冲击而进行被动调整的国家发展得更好。同时，地区经济韧性与产业结构、就业等因素密切相关。Martin 和 Sunley(2006)指出，产业多样化发展可以从多个方面影响地区经济韧性，产业多样化能够避免产业结构单一和因外部冲击引发的经济锁定效应，即有助于降低外部冲击对地区经济的冲击，也有利于地区经济的恢复。胡树光(2019)指出，产业多样化结构的经济韧性高，在非危机状态下对经济增长的促进作用存在不确定性。

通过文献梳理发现，现有研究从城市层面解释产业多样化发展对就业的影响机制的解释力尚有不足。原因在于：第一，已有研究忽略了我国经济发展过程中伴随着城乡之间和跨地区的人口流动以及快速城镇化的影响。事实上，大规模人口流动、城镇化或市民化过程是劳动力供给规模增加的表现，那么，产业多样化结构是否会通过促进人口流入城市或者提高城镇化水平而影响城镇就业呢？这一问题尚未有明确的理论解答。第二，已有研究忽略了产业多样化发展过程中劳动力在行业之间的再配置强度必然发生变化，其对城市就业水平的影响机制有待检验。第三，现有研究多采用省级数据和忽略了产业之间经济与技术关系的方法测算产业多样化水平，并以此来检验产业多样化发展对就业的影响。事实上，在一个开放动态的经济社会系统中，若不能以自然经济单元来分析产业结构和劳动力市场变迁，则难以科学呈现产业结构与就业结构互动关系的演变，而城市是经历了漫长的经济社会变迁而形成的相对独立的经济单元，对分析产业结构变迁和就业问题具有天然的优势。此外，采用熵值法测算城市产业多样化，并将其分解为相关多样化和无关多样化，既考虑了产业之间的经济与技术关系的影响，还能较好地消除产业门类、规模等因素的影响。

本章在以往研究的基础上，尝试从城市层面探究产业多样化发展与就业之间的关系，并结合中国经济发展过程中劳动力流动、快速城镇化、行业之间劳动力再配置等基本事实，探究可能存在的影响机制，这将为我国产业结构转型发展和高质量就业提供理论与经验参考。

6.2　数据、变量与模型

6.2.1　数据与变量

本章重点关注的是城市产业多样化与城市就业的问题，以我国地级以上城市为研究对象，采用2003—2017年的《中国城市统计年鉴》数据进行实证分析。由于2003年后第三产业细分出现较大变化，从原来的15类增加到19类，为统一各指标的统计口径，实证检验部分采用2003年后的产业分类作为产业多样化指标的计算标准。该部分的被解释变量、核心解释变量及控制变量的描述性统计如表6.1所示。其中，被解释变量失业率用城市年末登记失业人数与年末总人口的比值表示。采用熵值法测算城市的产业多样化（柴玲玲 等，2012；袁旭宏 等，2019），将19子类产业细分为第一产业、第二产业、生产性服务业、消费性服务业、流通性服务业、社会性服务业[①]。同类产业内部的细分产业具有较强的经济与技术关系，不同类产业之间表现出较弱的经济与技术关系。通过上述产业大类测算城市产业的整体多样化发展水平、相关多样化发展水平和无关多样化发展水平。就业指标用城市登记失业率与失业率变化值表示。

表6.1　变量描述性统计

变量		样本	均值	标准差	最小值	最大值
城市失业率	ln_*shiyelv*	3 439	−5.295 6	0.647 287 5	−7.697 698	−2.159 034
相关多样化	ln_*xg*	3 093	−2.402 506	0.565 379 9	−4.708 191	0.015 146 9
无关多样化	ln_*wg*	3 425	−1.136 556	0.428 863 4	−2.897 035	0.452 573 1
整体多样化	ln_*zd*	3 093	−0.873 219 1	0.456 095 3	−2.745 632	0.783 606 6
固定资产投资	ln_*guding*	3 703	15.272 4	1.170 443	12.017 77	18.686 73
资本劳动比	ln_*zlb*	3 458	9.403 027	1.058 918	6.002 699	12.311 06
财政支出	ln_*caizheng*	3 132	13.514 33	1.267 791	9.688 684	17.865 15
科技支出占比	ln_*kxzc*	3 132	8.897 691	1.965 332	−2.040 221	14.872 59

其他控制变量包括：(1) 固定资产投资，用城市固定资产投资总额的对数表示。(2) 资本劳动比，表示城市发展过程中的资本深化程度。现有研究认为，资

① 2002年前，《中国城市统计年鉴》中的城市产业分类为15类。2003年后，服务业门类细分发生较大变化，服务业门类由原来的15类调整为19类。为保证数据统计口径的一致和计算的准确性，本书所采用的数据统一采用2003年后的城市产业划分作为标准。

本劳动比与劳动生产效率正相关。例如，采用机器代替劳动力，劳动生产效率提升，促进城市经济增长，同时也会导致失业增加。该指标用固定资产投资总额/就业总人口表示。(3) 财政支出，用城市公共财政支出的对数表示，以此来反映城市政府履行自身职能的能力，其支出规模和结构反映出城市政府为实现其职能而进行活动的范围和政策选择。(4) 科研支出占比，科研投入是产业转型升级的重要推力，可直接创造就业岗位，用地方科技拨款占财政支出的比重(科学事业费/地方财政预算内支出)来衡量科技投入强度。

6.2.2　估计模型

根据研究需要，构建以下面板数据回归模型：

$$\ln\_shiyelv_{it} = c + \alpha_{it}x_{it} + \sum\beta_{it}control_{it} + \sum i_{dum} + \varepsilon \quad (6.1)$$

其中：$\ln\_shiyelv_{it}$ 表示 i 城市在 t 年的失业率；c 表示估计模型常数项；x_{it} 表示三种城市产业多样化变量；$\sum\beta_{it}control_{it}$ 表示其他控制变量；i_{dum} 表示个体效应；ε 表示白噪声部分；α_{it} 是三种城市产业多样化的系数，是该部分重点关注的系数。采用面板数据估计、LSDV 估计以及工具变量估计等，对非平衡城市面板数据进行回归。

6.3　产业多样化发展影响城市就业的实证检验

6.3.1　基准回归:产业多样化与城市就业的全样本估计

表 6.2 为相关多样化、无关多样化以及整体多样化对城市就业的估计结果，以及逐步增加控制变量、地区固定效应、时间固定效应和工具变量的估计结果。

从表 6.2 来看，通过 Hausman 检验，所有面板数据回归均采用固定效应模型。对比三类多样化估计结果，无论是相关多样化、无关多样化的估计系数，还是整体多样化的估计系数，都在 0.1 的水平上显著为正，说明三种产业多样化与城市失业率呈正相关关系，即城市产业的多样化发展会导致城市失业率上升。同时对地区固定效应和时间固定效应进行控制后，三种多样化对应的 LSDV 估计中，所有变量的系数估计值均未发生变化，系数显著程度有所降低，但是整体具有统计显著性，说明城市产业多样化发展导致城市失业率上升的结论未发生变化。根据 LSDV 估计的系数，三种城市产业多样化水平提高 1 百分点，将分别导致城市失业率上升 0.116、0.149、0.137 个百分点。从控制变量来看，固定资产投资的系数显著为负，说明城市固定资产投资有助于降低城市失业率，而资本劳动比、财政支出、科技支出占比三个变量的系数都显著为正，说明上述三个方面与城市失业率呈正相关关系。

6.3.2 稳健性检验:变量替换

本部分采用城市数据进行实证研究，需要关注直辖市样本、房地产行业、建筑行业等因素的影响。在稳健性检验中，一是剔除直辖市样本进行估计，二是剔除房地产行业、建筑行业进行估计，以此来提升估计结果的稳健性。1998 年，我国开始城镇化住房市场化改革，尤其是在 2000 年之后，我国住房市场规模持续扩大，商品房市场价格持续上涨，房地产行业逐渐成为国民经济增长的支柱性产业。与此同时，各城市商业用地需求和价格快速上涨，城镇化水平持续提高，房地产发展对就业市场的影响逐渐受到重视。Charles 等(2013)采用 2000—2011 年的数据发现，房地产规模扩张的确显著增加了建筑行业的用工需求，尤其是对低技能劳动力的需求增长显著，进而降低了地区的整体失业率。Mian 和 Sufi (2014)指出，房价上涨，通过放松流动性约束，刺激地方与房地产相关行业的就业需求。佟家栋和刘竹清(2018)发现，随着中国房价的上涨，建筑行业工资上涨，导致用工扩张，大量低学历劳动力流入建筑行业。孙伟增等(2021)指出，房价上涨产生了负向的就业冲击效应，房价上涨引致相关行业对劳动力的需求增加，导致高中入学率下降。王文春等(2021)的研究指出，房地产行业就业人数占城镇就业人口的比例从 2003 年的 8.7%上升到 2014 年的 18.8%，建筑行业就业比例从 2003 年的 7.6%增长到 2014 年的 15.98%，制造业劳动力就业比例仅从

27.17％上升到 28.69％。上述数据表明，房地产行业的发展促进劳动力呈现出跨部门流动的结构性变化。一方面，房地产快速扩张表现出对劳动力需求的增长效应；另一方面，这种跨部门的结构性配置，减少了制造业行业的劳动供给，提高了制造业行业工资水平，进而导致劳动力需求降低。从上述文献梳理可知，为了使研究更加稳健，有必要剔除房地产行业、建筑行业，重新计算城市的三次产业多样化。

如表 6.3 所示，在剔除直辖市样本的估计中，三种多样化的系数显著程度略有下降，但是系数值均未发生变化，均在 0.05 的水平上显著，说明在剔除直辖市样本后，三种城市产业多样化水平与城市失业率仍然呈现出正相关关系。表 6.3 中控制变量系数估计结果与全样本回归保持一致。

表 6.4 为分别剔除房地产行业、建筑行业以及同时剔除房地产行业和建筑行业的三种城市产业多样化估计结果。整体而言，产业相关多样化、无关多样化和整体多样化的系数都显著为正，且与全样本回归结果保持一致，说明城市产业多样化水平越高，城市失业率越高。从系数值来看，发现剔除房地产行业的多样化变量系数小于表 6.2 中的估计结果，而剔除建筑行业以及同时剔除房地产行业和建筑行业的产业多样化变量系数明显大于表 6.2 中的估计结果，

表 6.2 全样本下产业多样化对城市就业的影响

变量	相关多样化			无关多样化			整体多样化		
	(1)fe	(2)fe	(3)LSDV	(1)fe	(2)fe	(3)LSDV	(1)fe	(2)fe	(3)LSDV
ln_*xg*	0.074 7*** (0.028 9)	0.116*** (0.042 8)	0.116** (0.053 9)						
ln_*wg*				0.131*** (0.037 9)	0.149*** (0.050 2)	0.149** (0.067 7)			
ln_*zd*							0.106*** (0.038 2)	0.137*** (0.051 4)	0.137** (0.065 1)
ln_*gd*		−0.543*** (0.099 6)	−0.543** (0.264)		−0.557*** (0.096 5)	−0.557** (0.261)		−0.545*** (0.099 6)	−0.545** (0.265)
ln_*zlb*		0.436*** (0.101)	0.436* (0.268)		0.461*** (0.097 7)	0.461* (0.266)		0.440*** (0.100)	0.440* (0.269)
ln_*cz*		0.078 0*** (0.013 4)	0.078 0*** (0.015 4)		0.078 4*** (0.012 7)	0.078 4*** (0.014 2)		0.079 0*** (0.013 4)	0.079 0*** (0.015 4)
ln_*kxzc*		0.008 35** (0.004 18)	0.008 35* (0.004 59)		0.008 02** (0.003 96)	0.008 02* (0.004 29)		0.008 53** (0.004 17)	0.008 53* (0.004 60)
地区效应	是	是	是	是	是	是	是	是	是
时间效应	否	否	是	否	否	是	否	否	是
Constant	−5.098*** (0.069 7)	−1.950*** (0.539)	−1.346 (1.791)	−5.147*** (0.043 4)	−2.117*** (0.526)	−1.466 (1.760)	−5.185*** (0.033 9)	−2.138*** (0.544)	−1.523 (1.785)
N	3 074	2 569	2 569	3 403	2 849	2 849	3 074	2 569	2 569
序列相关	12.941***	6.085**		18.196***	9.668***		13.05***	6.029**	
异方差	1.5e+31***	1.2e+31***		3.6e+05***	2.3e+32***		1.7e+31***	1.7e+31***	
个体效应(F)	21.58***	19.00***		21.64***	19.33***		20.73***	18.59***	
Hausman	137.68***	94.35***		152.75***	105.20***		141.13***	93.42**	
R^2	0.002	0.030	0.818	0.004	0.030	0.814	0.003	0.030	0.818

注：括号中为标准误；* $p<0.1$，** $p<0.05$，*** $p<0.01$。

表 6.3　稳健性检验：剔除直辖市样本回归

变量	(1)	(2)	(3)
ln_*xg*	0.116**		
	(0.0542)		
ln_*wg*		0.149**	
		(0.0681)	
ln_*zd*			0.137**
			(0.0654)
ln_*guding*	−0.547**	−0.559**	−0.548**
	(0.264)	(0.261)	(0.265)
ln_*zlb*	0.437	0.461*	0.440
	(0.268)	(0.266)	(0.269)
ln_*caizheng*	0.0795***	0.0797***	0.0804***
	(0.0155)	(0.0142)	(0.0154)
ln_*kxzc*	0.00853*	0.00817*	0.00870*
	(0.00460)	(0.00430)	(0.00461)
地区效应	是	是	是
时间效应	否	否	否
_*cons*	−2.251	−3.667***	−2.433
	(1.577)	(0.925)	(1.566)
N	2547	2827	2547
R^2	0.816	0.812	0.816
adj. R^2	0.793	0.791	0.793

注：括号中为标准误；* $p<0.1$，** $p<0.05$，*** $p<0.01$。

表 6.4 稳健性检验:替换产业多样化变量

变量	剔除房地产行业回归			剔除建筑行业回归			剔除房地产行业和建筑行业回归		
	(1)	(2)	(3)	(1)	(2)	(3)	(1)	(2)	(3)
ln_*xg*	0.106** (0.054 0)			0.192*** (0.069 7)			0.181** (0.071 2)		
ln_*wg*		0.139** (0.068 4)			0.165** (0.070 4)			0.154** (0.071 2)	
ln_*zd*			0.126* (0.065 5)			0.175** (0.071 4)			0.163** (0.072 1)
ln_*guding*	−0.549** (0.263)	−0.560** (0.260)	−0.550** (0.264)	−0.490* (0.266)	−0.546** (0.262)	−0.521* (0.267)	−0.495* (0.265)	−0.550** (0.261)	−0.526** (0.266)
ln_*zlb*	0.443* (0.267)	0.466* (0.265)	0.446* (0.268)	0.379 (0.271)	0.451* (0.267)	0.416 (0.271)	0.386 (0.269)	0.457* (0.266)	0.423 (0.270)
ln_*caizheng*	0.078 1*** (0.015 5)	0.078 3*** (0.014 2)	0.078 9*** (0.015 4)	0.078 2*** (0.015 4)	0.078 4*** (0.014 2)	0.079 0*** (0.015 4)	0.078 1*** (0.015 4)	0.078 3*** (0.014 2)	0.078 9*** (0.015 4)
ln_*kxzc*	0.008 45* (0.004 59)	0.008 09* (0.004 30)	0.008 60* (0.004 61)	0.008 02* (0.004 56)	0.007 95* (0.004 29)	0.008 36* (0.004 60)	0.008 14* (0.004 57)	0.008 01* (0.004 30)	0.008 44* (0.004 61)
地区效应	是	是	是	是	是	是	是	是	是
时间效应	否	否	否	否	否	否	否	否	否
_*cons*	−1.320 (1.784)	−1.444 (1.754)	−1.488 (1.779)	−1.611 (1.814)	−1.553 (1.764)	−1.700 (1.797)	−1.587 (1.803)	−1.528 (1.757)	−1.663 (1.790)
N	2 569	2 849	2 569	2 569	2 849	2 569	2 569	2 849	2 569
R^2	0.817	0.814	0.817	0.818	0.814	0.818	0.818	0.814	0.818
adj. R^2	0.795	0.792	0.795	0.795	0.793	0.795	0.795	0.793	0.795

注:括号中为标准误;* $p<0.1$,** $p<0.05$,*** $p<0.01$。

6.3.3　内生性处理：工具变量估计

表 6.5 是工具变量估计结果。采用三次产业多样化的滞后项作为全样本估计的工具变量，以此来消除内生性问题对估计系数影响。对比表 6.2 中三种多样化所对应的 LSDV 估计和表 6.5 中工具变量估计发现，三种多样化变量的工具变量估计的系数明显大于 LSDV 估计系数，说明由于内生性问题的影响，三种城市产业多样化对城市就业的影响可能被低估。从显著程度来看，表 6.5 中工具变量估计结果的系数均在 0.1 的水平上显著为正，说明基础估计的结论是稳健的。通过基础回归、稳健性检验、内生性处理后发现，我国城市产业多样化发展成为导致失业率上升的原因之一。该部分实证结论与现有研究中“产业多样化有助于降低失业率”的观点恰好相反。分析其原因，主要是产业结构与就业结构不匹配。产业多样化发展是城市产业扩张的一种状态表现，在这个过程中创造了大量的就业需求，有助于市民化进程和促进农村劳动力转移，但是在多样化发展过程中，由于产业之间经济关系的影响，可能使城市内部劳动力在行业之间的配置效率下降，导致城市就业人口规模扩张、同时失业率增加的局面。为此，应该从城市化率和劳动力在行业间的再配置强度方面来探讨为什么城市产业多样化发展会导致失业率上升。具体分析见中介效应检验(表 6.7 和表 6.8)。

表 6.5　内生性处理:工具变量估计

变量	(1)IV	(2)IV	(3)IV
ln_*xg*	0.679*** (0.0708)		
ln_*wg*		0.941*** (0.0867)	
ln_*zd*			0.883*** (0.0855)
ln_*guding*	−0.238** (0.0735)	−0.191** (0.0659)	−0.202** (0.0700)
ln_*zlb*	0.203** (0.0689)	0.155* (0.0681)	0.164* (0.0716)
ln_*caizheng*	0.177** (0.0601)	0.168** (0.0540)	0.170** (0.0579)
ln_*kxzc*	−0.0662** (0.0241)	−0.0687** (0.0230)	−0.0786*** (0.0239)
_*cons*	−3.979*** (0.709)	−4.638*** (0.600)	−4.755*** (0.633)
N	2253	2560	2253
R^2	0.426	0.439	0.435
adj. R^2	0.422	0.436	0.431

注:括号中为标准误; * $p<0.1$, ** $p<0.05$, *** $p<0.01$。

表 6.6 分位数估计

变量	25 分位(Q25)			50 分位(Q50)			75 分位(Q75)		
	(1)	(2)	(3)	(1)	(2)	(3)	(1)	(2)	(3)
ln_*xg*	0.660***			0.719***			0.819***		
	(0.037 7)			(0.024 2)			(0.044 2)		
ln_*wg*		0.881***			0.983***			1.025***	
		(0.043 1)			(0.026 9)			(0.049 0)	
ln_*zd*			0.823***			0.932***			0.990***
			(0.043 0)			(0.029 6)			(0.047 3)
ln_*guding*	−0.046 1	−0.059 8*	−0.044 3	−0.134***	−0.112***	−0.118***	−0.236***	−0.262***	−0.250***
	(0.036 7)	(0.026 4)	(0.034 8)	(0.028 9)	(0.018 2)	(0.023 9)	(0.032 5)	(0.030 3)	(0.024 4)
ln_*zlb*	0.066 4	0.037 7	0.040 3	0.097 4***	0.075 9***	0.065 9**	0.127***	0.156***	0.112***
	(0.038 0)	(0.033 8)	(0.034 4)	(0.023 0)	(0.017 0)	(0.023 6)	(0.034 7)	(0.020 7)	(0.021 5)
ln_*caizheng*	−0.027 2	0.020 3	0.003 22	0.009 04	0.028 5	0.024 9	0.055 1*	0.083 0***	0.087 4***
	(0.028 5)	(0.022 6)	(0.023 1)	(0.018 5)	(0.014 7)	(0.019 3)	(0.021 9)	(0.016 4)	(0.014 4)
ln_*kxzc*	−0.016 9	−0.014 5	−0.013 7*	−0.012 7	−0.015 5*	−0.016 7**	−0.004 67	0.002 17	0.003 17
	(0.009 05)	(0.009 62)	(0.008 31)	(0.007 91)	(0.006 04)	(0.006 34)	(0.007 51)	(0.007 56)	(0.007 29)
_*cons*	−3.356***	−4.144***	−4.394***	−2.383***	−3.392***	−3.439***	−1.296***	−2.435***	−2.564***
	(0.303)	(0.240)	(0.236)	(0.242)	(0.171)	(0.193)	(0.242)	(0.252)	(0.240)
N	2 569	2 849	2 569	2 569	2 849	2 569	2 569	2 849	2 569
R^2	0.199 2	0.209 4	0.204 1	0.266 4	0.279 9	0.275 9	0.289 9	0.308 6	0.304 3

注:括号中为标准误;* $p<0.1$,** $p<0.05$,*** $p<0.01$。

表 6.7　市民化的中介效应检验

变量	相关多样化			无关多样化			整体多样化		
	(1) ln_*shiyelv*	(2) ln_*czh*	(3) ln_*shiyelv*	(4) ln_*shiyelv*	(5) ln_*czh*	(6) ln_*shiyelv*	(7) ln_*shiyelv*	(8) ln_*czh*	(9) ln_*shiyelv*
ln_*xg*	0.732*** (0.017 0)	0.726*** (0.016 1)	0.303*** (0.035 6)						
ln_*wg*				0.976*** (0.020 8)	0.993*** (0.018 0)	0.396*** (0.047 7)			
ln_*zd*							0.909*** (0.020 7)	0.920*** (0.018 3)	0.361*** (0.046 3)
ln_*czh*			0.636*** (0.037 3)			0.619*** (0.038 6)			0.631*** (0.039 9)
i	是	是	是	是	是	是	是	是	是
year	是	是	是	是	是	是	是	是	是
_*cons*	−3.440*** (0.053 6)	0.610*** (0.045 7)	−3.746*** (0.069 5)	−4.168*** (0.039 0)	−0.0719* (0.028 3)	−4.084*** (0.044 3)	−4.438*** (0.037 3)	−0.362*** (0.026 0)	−4.181*** (0.042 5)
N	3 074	1 495	1 491	3 403	1 662	1 656	3 074	1 495	1 491
Sobel	Z=15.95			Z=15.42			Z=15.07		
F	143.1	341.0	198.3	171.1	507.8	220.9	149.1	422.2	195.2
R^2	0.378	0.579	0.484	0.396	0.648	0.484	0.388	0.630	0.480
adj. R^2	0.375	0.577	0.481	0.394	0.647	0.482	0.385	0.628	0.477

注：括号中为标准误；* $p<0.1$，** $p<0.05$，*** $p<0.01$。

表 6.8　劳动力在产业间再配置的中介效应检验

变量	相关多样化			无关多样化			整体多样化		
	(1) *shiyelv*	(2) *e*	(3) *shiyelv*	(4) *shiyelv*	(5) *e*	(6) *shiyelv*	(7) *shiyelv*	(8) *e*	(9) *shiyelv*
xg	0.006 43** (0.003 10)	−0.001 08 (0.004 27)	0.006 04* (0.003 11)						
wg				0.003 06** (0.001 23)	3.547*** (1.233)	0.002 95** (0.001 24)			
zd							0.002 27** (0.000 990)	3.501*** (0.953)	0.002 15** (0.000 992)
e			0.000 033 9* (0.000 019)			0.000 028 3 (0.000 017 9)			0.000 033 8* (0.000 019 7)
i	是	是	是	是	是	是	是	是	是
year	是	是	是	是	是	是	是	是	是
_cons	0.003 27 (0.002 14)	5.074*** (1.171)	0.003 32 (0.002 14)	0.003 26* (0.001 86)	0.867 (1.856)	0.003 24* (0.001 86)	0.002 95 (0.002 11)	−1.140 (2.034)	0.002 98 (0.002 11)
N	3 093	3 295	3 090	3 425	3 421	3 421	3 093	3 090	3 090
Sobel	$Z=1.581$			$Z=1.385$			$Z=1.558$		
R^2	0.515	0.219	0.515	0.525	0.221	0.525	0.515	0.224	0.515
adj. R^2	0.464	0.142	0.464	0.479	0.145	0.479	0.464	0.142	0.464
F	10.06	2.854	10.03	11.46	2.933	11.42	10.07	2.732	10.04

注：括号中为标准误；* $p<0.1$，** $p<0.05$，*** $p<0.01$。

6.4 扩展分析:分位数估计

进一步采用分位数估计方法探讨城市产业多样化发展对就业的影响(表6.6),以更加全面地探讨城市失业率条件分布的全貌。与基准回归(表6.2)中采用的最小二乘法相比,分位数估计结果对离群值更加稳健,能更加充分地挖掘出数据信息。此外,分位数估计对模型误差项的假设条件进一步放宽,对于不符合正态分布的误差项而言,采用分位数估计的结果更具稳健性。如表6.6所示,在25、50、75分位的估计结果中,三种城市产业多样化系数都显著为正,因此,城市产业多样化与城市失业率正相关的结论依然成立。从三个分位点的系数值来看,产业多样化变量的系数值越来越大,说明失业率越高的城市,产业多样化发展对城市就业的负面影响越强。

6.5 机制分析:中介效应检验

通过全样本估计、稳健性检验、工具变量估计、分位数估计,发现城市产业多样化发展的确是导致城市失业率上升的重要原因。为什么现有理论中关于产业多样化发展降低失业率的效应并未体现出来?本研究认为需要根据城市产业多样化的计量方法和中国城市的发展历程来进行解释。第一,本章采用熵值法测量城市产业多样化,该方法关注产业之间的经济与技术关系,但是消除了产业规模的影响,即产业规模大并不意味着产业多样化程度高,产业规模小并不意味着产业多样化程度低。根据袁旭宏等(2019)的研究,借鉴联合国产业分类法,在三次产业分类的基础上进一步将服务业分为社会性、流通性、消费性、生产性四种类型,以此反映城市产业的经济与技术关系,即同一类型产业的子类产业之间具有较强的经济与技术关系,而不同类产业的子类产业之间具有较弱的经济与技术关系。通过熵值法可以将产业多样化分为相关多样化、无关多样化、整体多样化三种类型。第二,在我国城市的发展过程中,城市产业的规模和门类都是不断增加的，就业人口的规模也在不断增长。从产业规模来看，城市产业多样化发展创造了众多就业岗位，形成就业增长效应。“什么样的产业就能培养什么样的产业工人，什么样的产业工人就能发展什么样的产业”，其关键在于产业与劳动力的匹配程度。产业多样化是城市产业结构的一个方面，城市产业的发展过程与劳动力在产业之间的配置过程是并存的，必然涉及产业对劳动力吸纳能力的问题。我国城市化进程也是农业转移人口市民化的进程，产业多样化发展必然带来多样化的就业机会，成为吸收农业转移人口的主要方式。同时，产业多样化发展还伴随着劳动力在行业之间的重新配置。在城市化进程中，产业多样化发展能否有效且稳定地吸纳农业转移人口呢？本章将从人口市民化和劳动力在行业之间的重新配置强度两个方面来探讨上述问题，并解释为什么产业多样化发展会导致失业率上升。采用递归方法进行中介效应估计，以此来检验人口市民化和劳动力在行业间的配置强度的中介影响。

6.5.1　人口城镇化的中介效应检验

为简化分析过程，递归方程选择控制城市个体效应和时间效应的影响，具体模型如下：

$$\ln\_shiyelv_{it} = C + \alpha_{it} x_{it} + \beta_{it} i_{dum} + \gamma_{it}\ year_{dum} + \varepsilon \tag{6.2}$$

$$\ln\_smh_{it} = C + \delta_{it} x_{it} + \beta_{it} i_{dum} + \gamma_{it}\ year_{dum} + \varepsilon \tag{6.3}$$

$$\ln\_shiyelv_{it} = C + \alpha_{it} x_{it} + \theta_{it} \ln\_smh_{it} + \beta_{it} i_{dum} + \gamma_{it}\ year_{dum} + \varepsilon \tag{6.4}$$

其中，$\ln\_shiyelv_{it}$ 表示城市失业率，$\ln\_smh_{it}$ 表示城市市民化水平，x_{it} 表示三种产业多样化，α_{it} 是总效应，δ_{it} 是直接效应，$\delta_{it}\ \theta_{it}$ 是间接效应。

表 6.7 为采用逐步回归检验城市市民化进程的中介效应估计结果。如表 6.7 所示，三种城市产业多样化所对应的 Sobel 检验的 Z 值分别为 15.95、15.42、15.07，且在统计上是显著的，说明城市市民化的确产生了显著的中介效应。表 6.7 中第(1)列至第(3)列中，城市产业相关多样化变量($\ln\_xg$)都显著为正，说明全样本估计下的相关多样化与失业率正相关的结论成立。第(1)列中城市产业相关多样化的系数为 0.732，即城市产业相关多样化对城市失业

率的总效应为 0.732。第(3)列中加入市民化水平的中介变量(ln_*czh*)后，城市产业相关多样化变量的系数为 0.303，城市市民化中介变量的系数为 0.636，在 0.01 的水平上显著，即城市市民化水平的确在产业相关多样化与失业率之间起到了中介作用。第(2)列中，产业相关多样化的系数为 0.726，在 0.01 的水平上显著，说明城市产业相关多样化对市民化的直接效应为 0.726，影响比较大。进一步计算发现，城市产业相关多样化通过市民化对城市就业产生的间接效应为 0.462(0.726×0.636)，占总效应的 63.1%(0.462/0.732)。从上述分析可以看出，城市产业相关多样化发展提升了城市市民化水平，同时也推高了失业率。

表 6.7 中第(4)列至第(6)列表明，城市产业无关多样化影响城市失业率的直接效应为 0.976。Sobel 检验结果表明，城市市民化在产业无关多样化与失业率之间的中介效应客观存在。通过计算可知，城市产业无关多样化通过市民化对城市失业率的间接影响效应为 0.615(0.993×0.619)，占总效应的 63.01%(0.615/0.976)。城市产业无关多样化通过提升城市市民化水平，间接提升了失业率。

表 6.7 中第(7)列至第(9)列表明，城市产业整体多样化影响城市失业率的直接效应为 0.909。Sobel 检验结果表明，城市市民化在产业整体多样化与失业率之间的中介效应客观存在。第(8)列中城市产业整体多样化的系数为 0.920，在 0.01 的水平上显著，说明产业整体多样化对城市市民化的直接效应为 0.920。通过计算可知，城市产业整体多样化通过市民化对城市失业率的间接影响效应为 0.581(0.920×0.631)，占总效应的 63.92%(0.581/0.909)。城市产业整体多样化发展直接提升了城市市民化水平，间接提升了城市的失业率。通过以上分析可知，城市产业多样化发展是促进城市市民化进程的重要动力，但是在市民化过程中也间接导致失业率的提高。

6.5.2 行业间劳动力配置强度的中介效应检验

城市产业多样化发展过程中，可能通过改变行业之间劳动力再配置能力而使得城市失业率上升，该部分将对上述影响机制进行检验。同样采用递归方法进行实证检验，为简化分析过程，递归方程选择控制城市个体效应和时间效应的影响。行业之间劳动力再配置强度指标的计算如下：

$$E = \left[\frac{\sum_{i=1}^{n} |e(i,c,t+1) - e(i,c,t)| - |e(c,t+1) - e(c,t)|}{e(c,t)}\right] \times 100 \quad (6.5)$$

其中：$e(i,c,t+1)$和$e(i,c,t)$分别表示 c 城市 i 产业在 $t+1$ 期和 t 期的单位从业人数；$e(c, t+1)$和$e(c,t)$分别表示 c 城市在 $t+1$ 期和 t 期总就业人数；E 指数剔除了城市年就业水平的变化，是一个非负数，反映出已有劳动力资源跨行业流动和重新配置的强度。由于上述指标未进行对数处理，在后续的检验中，其他变量同样不进行对数处理，该部分具体估计模型如下：

$$shiyelv_{it} = C + \alpha_{it} x_{it} + \beta_{it} i_{dum} + \gamma_{it} year_{dum} + \varepsilon \quad (6.6)$$

$$E_{it} = C + \delta_{it} x_{it} + \beta_{it} i_{dum} + \gamma_{it} year_{dum} + \varepsilon \quad (6.7)$$

$$shiyelv_{it} = C + \alpha_{it} x_{it} + \theta_{it} E_{it} + \beta_{it} i_{dum} + \gamma_{it} year_{dum} + \varepsilon \quad (6.8)$$

其中，$shiyelv_{it}$表示城市失业率，E_{it}表示城市市民化水平，x_{it}表示三种产业多样化，α_{it}是总效应，δ_{it}是直接效应，$\delta_{it}\theta_{it}$是间接效应。估计结果如表 6.8 所示。

从表 6.8 的估计结果来看，三次产业多样化对城市失业率的影响依然是显著为正的，但是三次产业多样化对应的中介效应均未通过显著性检验(Sobel)，说明产业多样化发展并未通过影响劳动力在产业之间再配置，进而影响城市就业水平。

6.5.3 中介效应检验:Bootstrap 检验

表 6.9 市民化水平的 Bootstrap 检验

中介变量	检验内容	Z 值	百分位 95%置信区间		偏差校正百分位 95%置信区间	
			下限	上限	下限	上限
市民化 ln_czh	间接效应	11.73***	0.384 533 6	0.538 833 6	0.381 914 3	0.537 511 9
	直接效应	6.54***	0.212 385 1	0.394 039 2	0.211 632 1	0.398 202 7
	间接效应	11.46***	0.511 148 7	0.722 026	0.507 230 9	0.722 603 8
	直接效应	6.46***	0.275 479	0.515 705 8	0.275 018 4	0.518 537 5
	间接效应	10.82***	0.475 193 7	0.685 500 9	0.480 882 8	0.689 741 2
	直接效应	5.92***	0.241 364 3	0.480 538	0.238 829 5	0.473 175 8

注：* $p<0.1$，** $p<0.05$，*** $p<0.01$。

借鉴 Preacher 和 Hayes(2008)的研究，采用 Bootstrap 检验进行中介效应检验，表 6.9 给出了 95% 置信区间的中介效应估计结果。如果区间估计含有 0，表示中介效应不显著；如果区间估计不含有 0，则表示中介效应显著。如表 6.9 所示，上述关于市民化水平(ln_czh)的中介效应检验的 Z 值都是非常显著的。同时，不论是间接效应还是直接效应，百分位 95%置信区间估计均不含 0，说明城市市民化的确是产业多样化发展导致城市失业率上升的中间机制。

本章小结

本章借鉴现有研究方法，将产业多样化细分为相关多样化与无关多样化，研究产业多样化发展对城市就业的影响。研究发现：(1) 城市多样化(包括总体多样化、相关多样化及无关多样化)指标与失业率水平呈正相关关系。(2) 通过剔除直辖市样本、替换多样化指标(剔除房地产行业、建筑行业，或者同时剔除房地产行业和建筑行业)、工具变量估计三种稳健性检验，上述结论依然成立。(3) 通过分位数估计发现，从低分位到高分位，失业率越高的城市，产业多样化发展对城市就业的负面影响越大。(4) 通过中介效应的机制检验发现，产业多样化发展通过促进市民化进程导致城市失业率增加，但是产业多样化发展并未通过改变劳动力在行业之间的重新配置强度来影响城市失业率。通过上述分析可知，城市产业多样化发展是城市产业扩张的一种状态，从城市就业规模来看，产业扩张是创造就业的重要机制，促进了人口城市化的进程，本章的研究结论同样是建立在上述基础之上。简而言之，城市产业多样化发展创造了就业需求，但是由于人口向城市集聚的规模大于产业扩张的规模，表现出产业多样化促进城市失业增加的结果。

第 7 章　普惠金融、产业调整与地区就业

就业是经济社会的综合性问题，“稳就业”居“六稳”之首。金融发展是影响就业结构的重要因素，普惠金融因其金融服务的可获得性以及覆盖面广等优点，能够解决金融交易中信息不对称问题，并极大缓解中小微企业的融资约束，刺激新兴产业发展，既能促进产业结构高级化调整，又能为劳动者创造更多就业岗位。产业结构与就业结构紧密联系，产业的迅速发展刺激产业内部的劳动者需求，进而使得就业人口在不同产业间转移。地区内产业结构的调整受到经济、金融发展程度的影响，表现出产业高级化指标与经济发展水平正相关的特征。

“普惠金融”这一概念于 2005 年被正式提出，明确小微企业、农民以及城镇低收入人群是其服务对象。2006 年，联合国《普惠金融蓝皮书》倡导金融服务的公平性和包容性，指出普惠金融以金融服务的可获得性、可负担性和适配性，逐渐担当起解决各国经济发展不平衡问题的重要角色。2013 年，《中共中央关于全面深化改革若干重大问题的决定》中明确提出，发展普惠金融后，中国也成为普惠金融理念的积极实践者。之后，《关于全面做好扶贫开发金融服务工作的指导意见》《推进普惠金融发展规划(2016—2020)》和《G20 数字普惠金融高级原则》等重要文件都从国家层面确立了普惠金融实施战略，再次明确我国普惠金融的服务对象是小微企业、农民、城镇低收入人群、贫困人群和残疾人、老年人等特殊群

体。从提出至今，普惠金融体系经过近 20 年的完善，在缩小城乡差距、创造就业岗位、实现经济高质量发展方面发挥了重要作用。

经济高质量发展对产业结构调整、产业结构优化升级提出了挑战，不论是传统产业的转型升级，还是新产业的培育、发展、壮大，都离不开金融市场的有效支持。金融市场和金融中介机构能为企业提供其发展所必需的资金支持。普惠金融的发展解决了中小企业融资难的问题，为企业注入资金，促进产业结构优化升级，同时又能创造新的就业岗位，改善就业结构。本章探究普惠金融、产业调整以及就业之间的相关关系，提出普惠金融的发展对策，促进产业结构优化升级，改善就业及实现经济高质量发展。

7.1　理论机制

7.1.1　普惠金融相关研究

学者们对普惠金融进行了大量研究，并取得一定的研究成果。

第一，关于普惠金融发展状况。普惠金融在国家经济调控中具有重要作用。“十四五”规划更是关注数字货币的研发，作为金融行业源源不断的创新动力，数字货币的产生不仅推动了金融与实体经济有机融合，对普惠金融的发展也意义重大。张勋等(2019)利用中国数字普惠金融指数与中国家庭追踪调查数据进行回归检验发现，普惠金融在经济发展落后的地区发展更快，相较于城市居民，普惠金融对提高农村居民收入的作用更大。郭田勇和丁潇(2015)对比国内外普惠金融发展状况后发现，一国的普惠金融发展水平与经济发展水平息息相关，我国普惠金融的发展存在一定的滞后性，同时，人口、地理因素和金融意识都能影响普惠金融的发展，因此，促进经济高质量发展、增强居民金融意识对促进普惠金融“质”的发展意义重大。*Fungáčová* 等(2014)对比了金砖国家的普惠金融发展状况后发现，中国正规金融机构的账户和存款数量远高于其他国家，但是普通民众多依赖于民间借贷，导致信贷使用频率要低很多。

第二，关于普惠金融发展水平的测度。学者们从普惠金融服务的可获得性、地理渗透性、使用覆盖度和使用情况评价普惠金融的发展水平。Beck 等(2007)首次提出普惠金融发展水平可以从金融机构网点、ATM 机设置等八个指标考量。随着普惠金融指数的提出，普惠金融发展水平指标逐渐扩展到金融服务的地理渗透性、使用成本与便利程度等多个方面(Sarma et al.，2011；Arora，2010；Gupte et al.，2012；徐敏，2012；焦瑾璞 等，2017)。普惠金融经历了由弱到强、由小到大的发展过程，更加关注所服务对象的需求(星焱，2015)。普惠金融有助于消除金融排斥，致力于为弱势群体提供金融服务并消除金融歧视。国内许多学者从金融排斥角度考量并探讨普惠金融发展状况。许圣道和田霖(2008)建立了计数模型，分析农村金融排斥的主要原因，为农村经济背景下发展普惠金融提供了建议。陈莎和周立(2012)从行政、地理、人口、经济四个维度的金融密度，考察农村金融排斥及普惠金融发展水平。王婧和胡国晖(2013)用我国存款和贷款两种金融服务程度衡量普惠金融的发展水平，并进一步将人口和地理因素考虑在内构建中国的普惠金融发展指数。星焱(2016)从分析普惠金融与包容性金融的关系开始分析普惠金融发展水平，借助现代福利经济学中阿玛蒂亚·森的可行能力论，以基尼系数为现实参照，构建出 EIF 指标，衡量普惠金融发展是否具有公平性。

第三，关于普惠金融减贫效应。普惠金融对实体经济高质量发展、减贫、刺激就业等都起到促进作用。黄秋萍和胡宗义(2017)使用中国 2007—2017 年的数据，对中国 31 个省级行政区的普惠金融发展水平与贫困减缓作用进行测度，发现二者并不呈现线性相关。普惠金融水平的提高对于缓解贫困有单一门槛效应，未到临界值时表现出明显的促进作用，超越门槛值时则作用减弱。减贫效应表现出区域异质性，东部地区减贫效应更为明显。作者认为城乡差距过大反而不利于普惠金融发挥贫困减缓作用。焦瑾璞(2017)指出，普惠金融的服务对象是弱势地区、弱势产业、弱势企业及其他弱势群体，在偏远地区建立较为完善的金融市场，将便捷的金融服务深入贫困地区，对全社会全面脱贫具有重要意义。李涛和杨胜兰(2021)认为，普惠金融提高了金融服务的可得性、可负担性、金融安全性，拓宽了金融服务的多样性，减少了农户面临的金融服务信贷约束，增强了抗风险能力，实现了农民收入的增加。

宋晓玲(2017)运用泰尔指数对城乡收入差距进行衡量，发现提高城市化水平和对外开放程度对于缩小城乡差距效果显著，应充分发挥普惠金融与其他因素的共同作用，在减贫的过程中促进数字普惠金融的发展。宋俊峰和于丽红(2021)指出，普惠金融与收入、消费、就业、创业水平呈正相关，普惠金融的发展很大程度上提升了居民福利水平，同时，在提高小微企业融资水平、实现乡村振兴和解决“三农”问题、助力扶贫脱贫并逐步缩小城乡收入差距等方面都起到显著促进作用，能够促进实体经济发展。周明栋和韩英贺(2021)以江苏省宿迁市为案例进行研究，认为农村地区应主动提高社会信用治理水平，改善社会信用环境，提高普惠信贷投入并提高农业生产效率，实现乡村产业振兴。我国 2020 年全面消除绝对贫困并不是减贫道路的终点，赵琪和张帆(2021)认为，下一步就是减少相对贫困，普惠金融具有显著减缓农村支出型贫困的作用。邵汉华和王凯月(2017)采用全球金融发展数据库数据对 90 个国家的普惠金融减贫效果进行测算发现，普惠金融有效减少贫困的作用效果表现出减少贫困的广度大于减少贫困的深度的特征。

7.1.2　普惠金融与经济发展

刘亦文等(2018)对中国 2005—2015 年各地区普惠金融水平进行测度，发现普惠金融对经济增长存在双门槛非线性促进作用，门槛值分别为 0.279 和 0.405。当普惠金融发展水平低于 0.279 时，普惠金融能够促进经济增长但作用效果并不显著；超过第二个门槛值时，促进作用十分明显。李涛等(2016)发现，普惠金融对于不同经济体的影响存在差别，在初始人均 GDP 水平更高、国民平均受教育年限更长、法治水平更高的经济体中，用来衡量普惠金融水平的电子支付使用率或银行账户购物卡等使用率的提高对于经济增长的负面作用更大。杨燕(2015)通过 VAR 模型分析发现，普惠金融发展对经济增长的影响存在地区差异，实现经济高质量发展应注重区域之间的协调性。普惠金融发展对于民营企业借贷具有促进作用，民营企业内外部信息不对称导致民营企业多依靠内部资金流，融资约束问题越发严重，普惠金融发展有效缓解了民营企业的融资约束（梁榜 等，2018；郑志来，2019）。也有学者关注普惠金融发展过程中的风险控制问题，普惠金融发展需要有明确的政策支持和约束框架，普惠金融的审慎监管体系建设对于良好的金融环境尤为重要（焦瑾璞，2017）。信息技术融合普惠金融产生了数字普惠金融，同时也给普惠金融的风险控制带来阻碍，不同于传统金融监管，针对普惠金融的监督可以充分利用技术手段，精确到普惠金融的风险来源，并采取相应的解决措施（韩冰凝，2017）。陆岷峰和徐博欢（2019）肯定了"监管＋科技"的作用，提出应针对普惠金融的技术、财务及信用风险对症下药，政府在监管中起到牵头作用，将政策监管、技术监管整合起来，建立统一的信用系统，以保证普惠金融的健康发展。

7.1.3 普惠金融与产业调整

国内外研究肯定了金融发展促进产业结构优化调整的作用，高效的金融服务与合理的金融供给有利于产业结构升级（Aghion et al.，2005）。金融发展促进产业结构的优化升级是金融市场有效分配资本的结果（Sasidharan et al.，2015），但是仅仅扩大金融规模、提高金融服务深度无法促进产业结构升级（谢家智 等,2017）。实现金融发展的核心是金融发展方式的转变，提高金融服务的可得性、覆盖面，优化金融资源的配置效率，消除金融歧视，才能够促进产业结构优化升级和经济发展方式的转变，进而实现经济高质量发展（王修华等，2019）。

徐敏和张小林（2015）通过 VAR 模型检验发现，短期内普惠金融发展能够提升产业结构合理化水平，长期则能够促进产业结构高级化。产业结构合理化对普惠金融的发展起到阻碍作用。在推进普惠金融发展的背景下，应弱化政府对经济的干预，以促进产业结构高级化。黄怡伟和陈鹤瑞（2021）以 2008—2019 年我国碳排放数据为基础，讨论基于环境规制指标的普惠金融与产业结构关系，结果显示普惠金融对于产业高级化调整及合理化调整的作用均不显著，但环境规制与普惠金融的共同作用对产业间合理化水平的提高具有正面意义。岳慧诗和邹新阳(2021)测算我国普惠金融扶贫效应时发现，普惠金融扶贫离不开产业结构的优化升级，随着产业高级化指标的不断提高，普惠金融减贫效果更为明显。黄明清(2019)通过系统广义矩估计发现，我国普惠金融发展对产业结构升级有正向作用，国家政策制度在其中起调节作用。具体来看，金融服务覆盖度、金融服务使用深度、金融数字化水平对产业结构升级的作用依次减弱。罗超平等(2016)从普惠金融的发展水平指标入手，发现金融结构比率和金融经营效率对产业结构优化升级有显著影响，同时，金融产出率指标在短期内影响产业结构的高级化调整，应合理引导信贷投向民营企业，拓宽企业融资渠道，从而提升金融服务效率，实现产业结构调整与完善。苏任刚等(2020)发现，普惠金融网络化极大地增强了金融宏观渗透性和可获得性，提高了金融效率，对产业结构高级化调整起到促进作用。

普惠金融网络化充分利用了信息技术的优点。数字普惠金融是普惠金融利用技术手段发展的方向。张庆君和黄玲(2021)认为，数字普惠金融通过技术创新加速产业结构转型、提高全要素生产率，从而促进经济高质量发展。实证研究发现，数字普惠金融对中部地区经济高质量发展表现出抑制效应。进一步研究发现，产业结构的优化升级缓解了数字普惠金融的抑制效应。一方面，应构建多层次资本市场，加速民营企业占比高、数量多的地区建设线上投融资平台，支持传统金融与普惠金融协同发展的金融体系建设；另一方面，应通过产业调整加快产业结构升级，缓解数字普惠金融与实体经济的关系。也有学者发现，数字普惠金融的发展对于产业高级化调整并不总是存在促进作用。唐文进等(2019)对中国283个地级市的数据进行面板门槛模型检验发现，数字普惠金融对于产业结构升级的促进作用呈现由弱到强的非线性关系，除此之外，还存在东、中、西由弱到强的区域异质性。王晶晶和刘喜华(2020)从覆盖广度、使用深度以及数字支持服务程度等方面衡量数字普惠金融，并认为这三个指标对于产业结构高级化的作用逐级递减。分地区来看，数字普惠金融发展对中部、西部、东部地区产业结构升级的影响程度依次递减(郭婉丽 等，2020)。段鑫和李明蕊(2020)发现，数字普惠金融可以促进产业结构高级化和产业结构合理化。在数字普惠金融与产业结构升级的影响路径中，收入差距、资本积累、消费需求以及技术创新都具有中介作用(杜金岷 等，2020)。

7.1.4 普惠金融与城市就业水平

普惠金融的发展对促发展、稳就业、保民生具有非常重要的意义。肖龙铎和张兵(2017)从微观视角分析金融服务可得性对非农就业、农民收入的影响，研究发现，金融可得性是普惠金融发展水平的重要衡量标准，其每提高 1 个百分点，将引起农村家庭的非农就业水平提升 1.74%。王恺(2014)发现，金融规模的扩大显著促进城镇居民就业，但促进作用逐渐下降。这种促进作用与非公有制经济发展相关，在非公有制经济较发达的地区，金融规模的扩大对就业起到促进作用，反之则会抑制就业。李德山等(2021)认为普惠金融可以提高居民就业水平，非正规金融机构服务也可以起到拉动就业的积极作用，因此，应扩大普惠金融服务面，通过制订完善的金融法规、吸纳非正规金融机构，实现城市就业水平的提高。习明明等(2021)发现，普惠金融不仅能够直接提升制造业就业水平，并且能够通过制造业的做大做强，为制造业创造出更多的就业岗位。林春等(2019)采用城市面板数据对我国东、中、西部地区分别进行讨论，发现普惠金融提升就业表现出区域异质性，促进作用呈现东、中、西部地区递减的趋势。可以认为，经济发展水平越高的城市，普惠金融作用于就业的力度越大。对于三次产业而言，普惠金融显著促进了二、三产业就业，但不利于第一产业就业水平的提高。张艳等(2020)对安徽省 16 个国家级贫困县 2008—2017 年的面板数据进行实证检验发现，普惠金融在减少贫困的同时能够提升就业水平。

综上所述，学者们借助不同模型，从各个角度对普惠金融发展水平、减贫效应、降低企业融资约束、促进产业结构调整等进行研究，现有研究成果为本章奠定了重要理论基础。

7.2　普惠金融的就业效应分析

7.2.1　普惠金融指数构建

借鉴现有研究中构建普惠金融指数的方法，选取变异系数法以及欧氏距离法，并搜集整理 2004—2018 年各地区金融机构数量、金融从业人员数量、金融机构存贷款余额等指标，构建城市层面普惠金融指数。通过梳理发现，国内外学者对于普惠金融的测算角度各有侧重，根据世界银行扶贫协商小组对普惠金融的定义，普惠金融“将金融服务的覆盖面扩大到所有未被覆盖的人”。联合国资本开发基金会认为，金融机构有必要为所有企业和家庭提供便于他们自身发展的金融服务，包括储蓄、贷款、保险、养老金以及金融支付等方面。Sarma(2008)采用每千人拥有的银行账户数、银行分支机构和 ATM 的数量，测算了 45 个国家的普惠金融发展指数。Arora(2010)将研究角度转向金融服务维度、交易便利性以及交易费用，并赋予 2∶1∶1 的权重，测算了 98 个国家的普惠金融指数。Gupte(2012)从服务范围、使用情况、金融服务的便利性和交易成本四个维度测算普惠金融指数。国内学者立足于中国的基本国情及金融发展状况测算普惠金融指数，测算方法分为熵值法和变异系数法两大类。粟芳和方蕾(2016)对普惠金融发展背景、金融排斥展开谈论，研究发现，金融排斥程度对普惠金融产生了较大影响。陈银娥等(2015)采用熵值法、Kernel 密度估计、空间 Markov 链等非参数估计方法进行研究，发现中国的普惠金融指数呈现小幅下降趋势。陆风芝等(2017)采用熵值法测算 2005—2014 年中国省域普惠金融发展指数。采用变异系数法测算普惠金融发展指数的学者也很多(焦瑾璞，2015；王婧，2013；张勋，2019；朱一鸣，2017；刘亦文 等，2018)。

本书总结学者们的研究经验与方法，借鉴刘金全(2019)的数据处理思路，采用变异系数法及欧氏距离法构建普惠金融发展指数。考虑本章主要讨论城市层面的普惠金融发展状况，鉴于数据的可获得性等，本章从金融服务的渗透性、可获得性以及金融服务的效用三个维度进行讨论，构建城市层面的普惠金融指标体系，如表 7.1 所示。

表 7.1　普惠金融发展指标体系

维度	指标	单位
金融服务的渗透性	金融机构数量/行政区域面积	个/万平方公里
	金融机构从业人员/行政区域面积	人/万平方公里
金融服务的可获得性	金融机构数量/总人口	个/万人
	金融机构从业人员/总人口	人/万人
金融服务的效用	人均存款/人均 GDP	%
	人均贷款/人均 GDP	%

从普惠金融发展的特点出发，以地理和人口渗透性指标衡量普惠金融的供给程度，以金融服务可得性衡量普惠金融“为民所用、为民服务”的程度，以人均存贷款额与 GDP 的比重衡量居民使用金融资源的效率。对收集到的数据进行无量纲标准化处理、赋予权重以及进行普惠金融指数的合成处理。

1. 数据的标准化处理

通过标准化处理消除变量之间的量纲关系，使数据具有可比性。本书选取的指标均为正向指标，因此未进行逆向指标标准化。

$$D_{it} = \frac{X_{it} - \min\{X_{it}\}}{\max\{X_{it}\} - \min\{X_{it}\}}$$

采用极差法进行标准化处理。其中，D_{it} 是经过标准化处理后的变量值，取值范围为[0,1]，D_{it} 越大表示普惠金融发展程度越高；X_{it} 表示观测指标 X_i 在 t 时期的值；$\max\{X_{it}\}$表示 X_i 在 t 时期的最大值；$\min\{X_{it}\}$则表示最小值。

2. 变异系数赋予权重

$$V_{it} = \frac{S_{it}}{D_{it}}\ (i = 1,2,\cdots,n)$$

$$\omega_{it}=\frac{V_{it}}{\sum_{i=1}^{n}V_{it}}$$

式中，V_{it} 为变异系数，ω_{it} 为权重，S_{it} 为 D_{it} 在 t 期的标准差，$\overline{D_{it}}$ 为 D_{it} 在 t 期的均值。

3. 欧氏距离法合成普惠金融发展指数

$$ifi_t=\frac{1}{2}\left(\frac{\sqrt{X_{1t}{}^2+X_{2t}{}^2+\cdots+X_{nt}{}^2}}{\sqrt{\omega_1{}^2+\omega_2{}^2+\cdots+\omega_n{}^2}}+\frac{\sqrt{(\omega_1{}^2-X_{1t})^2+(\omega_2{}^2-X_{2t})^2+\cdots+(\omega_n{}^2-X_{nt})^2}}{\sqrt{\omega_1{}^2+\omega_2{}^2+\cdots+\omega_n{}^2}}\right)$$

ifi 取值为[0,1]，值越接近1，说明普惠金融发展水平越高，反之越低。金融机构数量来自国家金融监督管理总局官网统计数据，其他各项数据主要参考各省《统计年鉴》《中国金融年鉴》，部分缺失数据通过查询《中国区域金融运行报告》和 Wind 数据库得到。

7.2.2　普惠金融指数的具体测算及分析

通过表7.2可以直观看出各指标在普惠金融指数测算中的重要程度。

表7.2　2007—2018年各指标权重

变量	2007年	2008年	2009年	2010年	2011年	2012年	2013年	2014年	2015年	2016年	2017年	2018年
X_1	0.202	0.197	0.196	0.183	0.178	0.177	0.186	0.202	0.185	0.190	0.190	0.170
X_2	0.333	0.341	0.335	0.345	0.361	0.355	0.344	0.357	0.321	0.327	0.314	0.343
X_3	0.117	0.109	0.115	0.104	0.102	0.102	0.106	0.107	0.101	0.102	0.103	0.107
X_4	0.143	0.143	0.141	0.140	0.143	0.140	0.137	0.142	0.130	0.134	0.137	0.131
X_5	0.095	0.094	0.098	0.105	0.098	0.105	0.110	0.084	0.134	0.119	0.120	0.117
X_6	0.110	0.117	0.115	0.122	0.118	0.120	0.117	0.109	0.131	0.127	0.136	0.132

通过表7.2可以看出各指标2007—2018年的权重大小(2004—2006年的数

据省略，此处未列出）。X_1 代表金融服务渗透性中的地理渗透性，以金融机构数量与行政区域面积的比表示；X_2 代表人口渗透性，以每万平方公里的金融机构从业人员数表示；X_3 表示金融服务的可获得性，以每万人拥有的金融机构数目表示；X_4 表示每万人中的金融机构从业人员占比；X_5 表示人均存款占人均 GDP 的比重；X_6 表示人均贷款占人均 GDP 的比重。由表 7.2 可以看出，金融服务渗透性的比重较大，特别是金融机构从业人员与地方行政区域面积的比这一指标，权重在 0.343 左右，对地方普惠金融发展的贡献最大。地方金融从业人员在一定程度上传播了普惠金融的理念，金融机构数目及从业人员越多，当地居民的普惠金融知识越完备，获取金融服务的意愿也越强。发展普惠金融需要引入更多高素质的从业人员，加大对金融机构的投入力度。

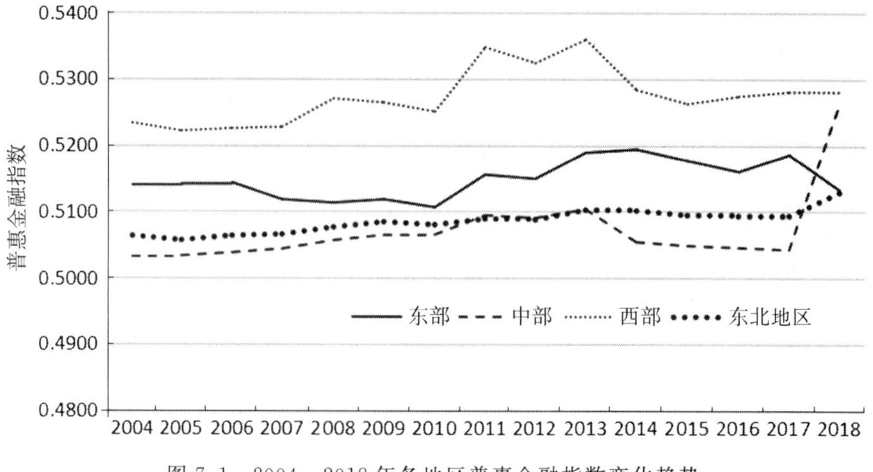

图 7.1　2004—2018 年各地区普惠金融指数变化趋势

图 7.1 为东部、中部、西部以及东北地区 2004—2018 年普惠金融指数的变化趋势图。依据《中共中央国务院关于促进中部地区崛起的若干意见》等文件划分东部、中部、西部以及东北地区。东部地区包括北京、天津、河北、上海、江苏、浙江、福建、山东、广东和海南；中部地区包括山西、安徽、江西、河南、湖北和湖南；西部地区包括内蒙古、广西、重庆、四川、贵州、云南、西藏、陕西、甘肃、青海、宁夏和新疆；东北地区包括辽宁、吉林和黑龙江。由图 7.1 可以看出，我国普惠金融指数呈现明显地区差异，最突出的特征是西部地区普惠金融指数明显高于东部、

中部及东北地区。西部地区和其他地区的经济发展水平存在较大差距，反而使得西部地区普惠金融指数更高；东部地区及东北地区普惠金融发展十分平稳，维持缓慢上升趋势；中部地区和东北地区普惠金融指数差异并不明显，2017 年中部地区普惠金融指数出现跃升，达到 0.504 2，赶超东部地区和东北地区，接近西部地区发展水平。

7.2.3　变量说明与描述性统计

本章主要讨论普惠金融对中国城市就业的影响效应，为了保证数据的统一，剔除了北京市、天津市、重庆市以及上海市 4 个直辖市样本。在此基础上，还考虑了国民生产总值与地区行政区域面积的比衡量的地区经济密度可能存在的调节作用。在此基础上，本书对东部、中部、西部以及东北地区分别进行回归分析，验证不同经济发展规模下影响效应的异质性。此外，基于城镇化发展与就业的复杂关系，本章对普惠金融发展与城镇化的关系展开进一步分析。

本章的核心解释变量为普惠金融发展指数，该指标代表特定地区的普惠金融发展水平。被解释变量为城市层面的就业水平，采用地级市就业人数表示，就业人数越多，代表该地区就业规模越大。其他控制变量包括固定资产投资、公共财政支出、教育支出、科学技术支出及人均生产总值。公共财政支出主要由政府采购、教育支出以及社保支出构成，这些投向各个产业的支出对于地方经济发展十分重要，并最终传导至劳动力部门，起到调节劳动力就业总量、改善就业结构的作用。教育支出直接提高劳动者就业素质，推动就业增长。科学技术支出创新产业结构，发展新兴产业，吸纳劳动力涌入。人均生产总值反映地区经济发展水平，经济发展，产业兴旺，就业岗位增多，就业总量也会增加。

选取产业调整强度作为普惠金融与城市就业水平的中介变量。就业水平受到产业结构变化的影响，“产业兴，就业增”。以子类产业就业人口占比的变化衡量产业调整强度，$q_{i,t+1}$ 表示 c 城市 i 产业在 $t+1$ 期从业人员占城市总就业人口的比重，$q_{i,t}$ 表示 c 城市 i 产业在 t 期从业人员占城市总就业人口的比重。该指数越大，说明城市产业变动越剧烈，反之则越缓慢。

$$tstr = \sum_{i=1}^{n} |q_{i,t} - q_{i,t-1}|$$

以二、三产业就业人数占总就业人数的比重作为就业机会的衡量指标，二、三产业发展越好，投入二、三产业中的劳动力越多，就业拉动作用越明显。同时，二、三产业的就业比重反映了我国城市化的进程，发展城市能够吸引农村劳动力加入城镇化建设中，对就业结构产生直接影响。变量的描述性统计结果见表 7.3。

表 7.3　变量的描述性统计

Variable	Obs	Mean	Std. Dev.	Min	Max
ln_*employment*	4 229	5.837	0.704	2.775	9.319
ln_*ifi*	4 245	−0.677	0.0161	−0.693	−0.488
ln_*tstr*	4 192	−3.584	2.613	−7.834	7.360
ln_*guding*	4 226	15.37	1.167	12.02	18.24
ln_*caizheng*	4 245	13.85	1.272	9.689	17.64
ln_*edu*	4 226	11.92	1.836	3.664	15.44
ln_*kexue*	4 225	9.251	1.907	−2.040	15.21
ln_*rjgdp*	4 245	7.318	0.994	0	8.318
ln_*GAR*	4 244	15.86	1.344	10.84	20.92

表 7.4　各变量之间的相关性分析

	ln_*employment*	ln_*ifi*	ln_*tstr*	ln_*guding*	ln_*caizheng*	ln_*edu*	ln_*kexue*	ln_*rjgdp*	ln_*GAR*
ln_*employment*	1								
ln_*ifi*	−0.297***	1							
ln_*tstr*	−0.036**	0.236***	1						
ln_*guding*	0.447***	0.042***	0.266***	1					
ln_*caizheng*	0.364***	0.133***	0.307***	0.881***	1				
ln_*edu*	0.310***	0.110***	0.269***	0.753***	0.891***	1			
ln_*kexue*	0.305***	0.086***	0.234***	0.713***	0.663***	0.360***	1		
ln_*rjgdp*	0.007 00	0.040***	0.070***	0.116***	0.076***	0.062***	0.094***	1	
ln_*GAR*	0.261***	−0.070***	0.233***	0.671***	0.573***	0.462***	0.577***	0.075***	1

注：* $p<0.1$，** $p<0.05$，*** $p<0.01$。

表 7.4 列出了各变量之间的相关系数与显著程度，普惠金融与就业人数的相关系数为－0.297，并且在 0.01 的水平上显著。其他控制变量与就业人数之间的相关系数均为正。相关系数仅反映变量之间的表层相关性，本章将在后续实证研究中进行验证。

7.3　实证回归结果与分析

7.3.1　基准回归

为了更直观地验证普惠金融发展与城市就业的关系，构建以下模型：

$$\ln\_employment_{it} = C + \partial_{it}\, ifi_{it} + \beta_{it}\, control_{it} + \lambda_i + \delta_t + \varepsilon_{it}$$

其中：$\ln\_employment_{it}$ 为城市就业的衡量指标；解释变量 ifi_{it} 为 i 城市在 t 年的普惠金融发展指数；$control_{it}$ 表示控制变量，主要包括公共财政支出（ln_*caizheng*）、固定资产投资（ln_*guding*）、教育支出（ln_*edu*）、科学技术支出（ln_*kexue*）以及人均生产总值（ln_*rjgdp*）；λ_i 代表个体固定效应；δ_t 表示时间固定效应；ε_{it} 表示随机扰动项。

表 7.5　基准回归结果

变量	(1) fe	(2) fe	(3) fe	(4) fe	(5) fe	(6) fe	(7) fe
ln_*ifi*	2.800***	1.798***	1.842***	1.799***	1.542***	1.533***	1.354**
	(0.469)	(0.479)	(0.481)	(0.482)	(0.485)	(0.485)	(0.529)
ln_*guding*		0.041***	0.049***	0.051***	0.034***	0.033***	0.022*
		(0.005)	(0.011)	(0.011)	(0.011)	(0.011)	(0.013)
ln_*caizheng*			−0.007	−0.020*	−0.060***	−0.059***	−0.049***
			(0.008)	(0.011)	(0.014)	(0.014)	(0.016)
ln_*edu*				0.008	0.033***	0.033***	0.032***
				(0.005)	(0.008)	(0.008)	(0.008)
ln_*kexue*					0.021***	0.021***	0.022***
					(0.005)	(0.005)	(0.005)

续表

变量	(1) fe	(2) fe	(3) fe	(4) fe	(5) fe	(6) fe	(7) fe
ln_*rjgdp*						0.005 (0.004)	0.004 (0.004)
Constant	7.732*** (0.317)	6.428*** (0.348)	6.431*** (0.348)	6.449*** (0.349)	6.595*** (0.350)	6.564*** (0.351)	6.459*** (0.395)
Observations	4 229	4 224	4 224	4 219	4 214	4 214	3 935
R^2	0.009	0.028	0.028	0.029	0.034	0.034	0.028
N	283	283	283	283	283	283	283

注:括号中为标准误; * $p<0.1$, ** $p<0.05$, *** $p<0.01$。

表 7.5 为普惠金融与城市就业关系的基准回归结果。通过 Hausman 检验，*p* 值为 0.000，使用固定效应模型进行估计。表 7.5 基准回归结果分别对核心解释变量(*ifi*)以及各项控制变量与被解释变量(失业率)进行回归。由第(1)列可以看出，普惠金融发展指数的系数是 2.800，并且在 0.01 的水平上显著，说明普惠金融的发展显著促进城市就业规模增长，普惠金融指数每提高 1 百分点，会引起城市就业人数增长 2.800 个百分点。逐渐加入控制变量后，普惠金融指数的回归系数由 1.798 变化为 1.533，仍然在 0.01 的水平上显著为正，就业促进作用仍然显著。

从控制变量角度观察，固定资产投资的系数显著为正，说明固定资产投资起到促进就业的作用。公共财政支出的系数在 0.01 的水平上显著为负，说明公共财政支出降低了城市就业规模，在就业总量增加的前提下，政府财政支出中的投资支出以及行政管理支出会抑制就业水平(储德银 等，2014)。教育支出与科学技术支出对就业起到促进作用。教育支出相当于增加人力资本投资，能够提高劳动者素质，为其在就业市场中获得竞争力。教育支出通过刺激经济增长也能促进就业。科学技术支出和教育支出互相影响，通过将资金投放于创新领域，刺激产业革新，创造出就业岗位。人均 GDP 的系数为 0.005，说明其对城市就业起到促进作用，但这种作用并不显著。经济总量大，并不代表人均 GDP 水平高。根据奥肯定律，劳动力需求与经济增长速度相关。经济增长速度快，对劳动力的需求相对较大，就业规模上升较快；相反，经济增长速度慢，对劳动力的需求相对较少，制约就业岗位增加，就业水平可能下降，失业率可能上升。

表7.5中第(7)列采取自变量滞后一期的估计结果，与第(6)列估计结果相比，采用滞后估计的普惠金融指数的回归系数降低为1.354，仍在0.05的水平上显著，与之前结论保持一致，说明普惠金融水平的提升的确对各地区的就业增长起到明显促进作用，基准回归结果具有稳健性。

7.3.2　异质性检验

异质性检验包括两部分。首先，对283个城市样本进行东部、中部、西部以及东北部地区的划分，分别进行检验，讨论不同地区普惠金融发展对城市就业水平的影响。其次，对人均生产总值的中位数分别回归，进行分组检验。

表7.6　异质性检验

变量	(1)东部	(2)中部	(3)西部	(4)东北	(5)大于	(6)小于
ln_*ifi*	3.853***	0.532	3.301***	−3.249***	5.669***	−0.964*
	(0.831)	(0.976)	(1.049)	(0.997)	(0.914)	(0.580)
控制变量	是	是	是	是	是	是
Constant	7.888***	6.111***	7.497***	3.390***	8.760***	4.895***
	(0.598)	(0.708)	(0.745)	(0.758)	(0.692)	(0.436)
Observations	1 466	1 341	904	503	2 105	2 109
R^2	0.056	0.042	0.034	0.047	0.042	0.013
N	98	90	61	34	283	283

注：括号中为标准误；* $p<0.1$，** $p<0.05$，*** $p<0.01$。

表7.6中第(1)列至第(4)列出了分地区回归结果，除了中部地区以外，其他地区普惠金融指数的系数都在0.01的水平上显著。东部、西部以及东北地区普惠金融发展对就业的影响作用较大，普惠金融指数每提高1个百分点，会造成东部地区就业人数增加3.853个百分点，西部地区增加3.301个百分点。中部地区普惠金融指数的回归系数为0.532，影响并不显著。值得注意的是，东北地区的

回归系数为－3.249，普惠金融发展水平越高，反倒引起当地就业人数下降。其他控制变量系数与全样本回归基本保持一致。

表7.6中第(5)列至第(6)列为依据人均生产总值的中位数分组的回归结果。结果显示，经济发展程度越高、人均生产总值水平越高，越有利于普惠金融发挥其就业促进作用。高于中位数的样本估计中，普惠金融回归系数达到了5.669，并在0.01水平上显著，远大于全国样本的回归系数1.533。低于人均生产总值中位数的样本估计中，普惠金融回归系数为－0.964，在0.1的水平上显著，发展普惠金融反而抑制了就业增长。其他控制变量的回归系数和全样本估计基本保持一致。

7.4 中介效应分析

为了验证可能存在的影响机制，借鉴温忠麟等(2004)的研究方法，设定中介效应模型，分析"普惠金融-产业调整-城市就业"的作用机制。城市产业结构与就业结构从来都不是割裂开来、互不影响的两个概念。产业的迅速发展刺激这一产业内部的劳动者需求，进而使得就业人口在不同产业间转移，就业结构做出动态的调整。经济形势、国家政策、社会环境都会对产业调整产生影响，进而导致就业结构也发生相应的改变。产业结构与就业结构相互依存、相互影响。纵向来看，我国的产业发展已经逐渐转变为"三二一"增长模式，在技术进步和产业结构升级过程中，部分传统产业、落后产业积存了大量的劳动力，同时，第三产业存在劳动力不足的现象。产业优化调整是否对地区就业产生影响成为机制分析的重点。中介模型设定如下：

$$\ln\_employment_{it} = \alpha_0 + \alpha_1 \ln\_ifi_{it} + \alpha_2 control_{it} + \varphi_{it}$$

$$\ln\_tstr_{it} = \beta_0 + \beta_1 \ln\_ifi_{it} + \beta_2 control_{it} + \varepsilon_{it}$$

$$\ln\_employment_{it} = \gamma_0 + \gamma_1 \ln\_ifi_{it} + \gamma_2 \ln\_tstr_{it} + \gamma_3 control_{it} + \eta_{it}$$

中介效应模型的检验过程如下：

(1) 检验普惠金融发展与城市就业的回归系数α_1，即直接效应。观测系数α_1

的显著程度，如果不显著，停止中介效应分析。

（2）检验普惠金融发展与产业调整的回归系数 β_1 是否显著。

（3）检验普惠金融发展、产业调整强度对城市就业的影响作用。如果回归系数 β_1、γ_2 都显著，则产业调整的中介效应显著。若回归系数 γ_1 不显著，为完全中介效应；相反则为部分中介效应。如果回归系数 β_1、γ_2 中至少有一个系数不显著，应继续做 Sobel 检验，判断中介效应是否存在。

各变量的处理仍和基准回归保持一致，剔除北京市、天津市、上海市以及重庆市 4 个直辖市样本，中介效应检验结果如表 7.7 所示。

表 7.7　中介效应检验

变量	(1) ln_*employment*	(2) ln_*tstr*	(3) ln_*employment*
ln_*ifi*	1.533*** (0.485)	53.714*** (4.672)	0.960* (0.493)
ln_*tstr*			0.010*** (0.002)
ln_*guding*	0.033*** (0.011)	0.491*** (0.110)	0.028** (0.011)
ln_*caizheng*	−0.059*** (0.014)	0.411*** (0.138)	−0.063*** (0.014)
ln_*edu*	0.033*** (0.008)	0.064 (0.072)	0.033*** (0.008)
ln_*kexue*	0.021*** (0.005)	0.009 (0.045)	0.021*** (0.005)
ln_*rjgdp*	0.005 (0.004)	0.063 (0.039)	0.004 (0.004)
Constant	6.564*** (0.351)	19.749*** (3.382)	6.339*** (0.352)
Observations	4 214	4 178	4 178
R^2	0.034	0.153	0.042
Number of City	283	283	283

注：括号中为标准误；* $p<0.1$，** $p<0.05$，*** $p<0.01$。

表 7.7 为产业调整中介效应检验的回归结果。第(1)列为普惠金融与城市就业的回归结果，回归系数为 1.533，在 0.01 的水平上显著为正。第(2)列为普惠金融与产业调整的关系检验，回归系数为 53.714，在 0.01 的水平上显著为正，说明普惠金融发展对于产业调整的促进作用十分明显。第(3)列为验证“普惠金融-产业调整-城市就业”的总体回归结果，普惠金融的回归系数为 0.960，在 0.1 的水平上显著。产业调整强度的系数 0.010，在 0.01 的水平上显著。由此可知，产业调整在普惠金融促进地区就业规模增长中起到中介变量作用，中介效应检验通过。此外，由第(2)列普惠金融回归系数 53.714 以及第(3)列产业调整对城市就业的回归系数 0.010 的乘积，可以计算出普惠金融通过产业调整促进城市就业规模上升的间接效应为 0.537，占总效应的 35.03%。

本章小结

本章通过 2004—2018 年城市面板数据，尝试探究普惠金融发展对地区就业的影响作用，以及产业调整的中介作用。主要结论如下：(1) 普惠金融发展的确会显著促进地区就业规模提升。划分东部、中部、西部以及东北地区，发现东部、西部地区普惠金融发展水平较高。异质性检验发现，普惠金融对东部、西部地区的就业促进作用更为明显，东北地区反倒呈现就业下降状态。(2) 产业调整在普惠金融促进地区就业增长中起到中介变量作用，普惠金融的发展可以显著提高产业调整强度并带动就业增长，符合产业结构与就业结构紧密联系的客观事实。(3) 经济发展水平影响普惠金融就业促进作用的实现，经济发展水平越高，越有利于实现普惠金融提振就业效应。

第8章　普惠金融与地方债务

发展普惠金融是否有助于防范和化解地方债务风险，学界尚未有一致结论。当前，地方政府债务规模居高不下，债务融资成本上升，经济增长减缓，地方政府财政压力剧增，债务风险不断累积，已成为我国构建新发展格局、促进经济高质量发展面临的重大问题之一。地方政府过度举债，挤占了企业投资空间，提高了企业投资成本，降低了经济增长效率(余海跃 等，2020)。更令人担忧的是，随着地方政府债务规模的不断扩张，地方政府风险有可能演变成金融风险(赵文举等，2021)。因此，探寻既能促进地方经济持续健康发展，又能降低地方债务规模，更能防范和化解地方债务风险的有效方法，成为当务之急。事实上，防范和化解地方债务风险，关键在于有效降低地方政府债务规模，其核心在于通过提振经济、扩大税基来提升地方政府偿债能力，归根到底在于实体经济的高质量发展。

普惠金融作为金融资源配置的重要机制，需要兼顾增进民生福祉、有效防范风险、促进经济高质量发展等多重目标，发展普惠金融意味着将金融服务和金融市场延伸到更低收入群体及更偏远地区，延伸到原本难以获取金融服务的群体，扩大金融服务的受众群体和辐射范围，使受到金融排斥的群体真正受益(杜晓山，2006；焦瑾璞，2010)。一方面，发展普惠金融有助于提高银行非利息收入，增强银行的盈利韧性(欧理平，2016)，加强普惠金融的持续性与坚挺性。另一方面，发展普惠金融，为中小企业提供较低成本的金融服务、契合中小企业多样化融资需求的金融产品，有利于缓解中小企业的融资约束（梁榜、张建华，2018），推动大众创业和万众创新，促进地方民营经济发展，改善地方财政收支状况，进而提升地方政府偿债能力，缓解地方政府债务压力。

《中华人民共和国国民经济和社会发展第十四个五年规划和2035年远景目标纲要》强调构建金融有效支持实体经济的体制机制，提升金融科技水平，增强金融普惠性。2023年，《中共中央 国务院关于促进民营经济发展壮大的意见》提出了八个方面共计31条举措，其中，在“加大对民营经济政策支持力度”部分明确强调“完善融资支持政策制度”。发展普惠金融作为我国壮大地方民营经济、培育中小企业、鼓励创新创业的融资支持政策，是否具有降低地方政府债务规模的效应？存在何种影响机制？对上述问题进行系统研究，对全国各级地方政府发展普惠金融、防范和化解地方政府债务风险具有重要的借鉴价值和指导意义。基于此，本书利用2011—2019年的地级市数据，研究普惠金融发展对地方政府债务规模的影响、作用机制、异质性及空间相关性。相对于现有研究，本书的边际贡献在于：一是采用地级市数据分析普惠金融对地方政府债务规模的影响效应；二是分析普惠金融影响地方政府债务规模的空间效应，并进一步分解成直接效应和间接效应；三是分析普惠金融影响地方政府债务规模的机制以及可能存在的异质性。

8.1 理论机制及研究假设

8.1.1 发展普惠金融对地方债务规模的影响效应

发展普惠金融扩大了金融服务范围，丰富了金融产品的种类，促进了金融业的快速发展，提高了政府在金融行业获取的税收收入。对于中小微企业而言，普惠金融的普遍性与实惠性使得更多企业以相对低的成本获取金融服务，使得地方税基扩张（欧卫东 等，2019）。对于居民而言，传统金融服务存在着金融服务获取门槛限制，使得低收入人群难以获取低成本的金融服务，而发展普惠金融使得更多低收入人群也可以获取金融服务，有助于低收入人群整体收入水平的提高，缩小收入差距，壮大纳税群体，促进政府财政收入的增长。对于地方政府而言，合理化、规范化的政府行为有助于普惠金融发挥作用效果，提升政府支出效率，有助于合理化资金流向，减少政府的资源错配行为(张曾莲 等，2021)，减少官员腐败现象及资金滥用情况，进而减轻地方政府财政压力(刘勇政 等，2011)。促进金融的广泛发展，提高金融服务的覆盖率，可以有效提高政府行为的规范性与合理性(张珍花 等，2022)，进而提升政府支出效率，降低地方政府财政压力。基于上述分析提出假设 H_1。

H_1：发展普惠金融有助于降低地方政府债务规模。

8.1.2 发展普惠金融对地方债务规模的空间影响

从空间关联来看，地区之间生产要素进行跨区域配置，受到环境差异、时间成本及转移成本等因素影响，地理位置较近、经济关联较强的地区之间存在高度相关性，往往呈现出以生产要素富集地区向周边地区逸散的空间溢出效应、以周边城市生产要素向中心城市聚集的空间虹吸效应等空间相关性。普惠金融以服务本地中小微企业为主，本地区的普惠金融发展会对周边地区产生示范作用，邻近地区之间相互竞争、借鉴与学习，促进地区间普惠金融的协同发展，进而产生间接降低邻近地区政府债务规模的空间溢出效应。普惠金融突破了传统金融的金融服务门槛限制，而金融服务更多与互联网技术相挂钩，使普惠金融的跨区域影响更为便捷，空间关联性更为显著(黎翠梅 等，2021)。据此，本书提出假设 H_2。

H_2：发展普惠金融不仅有助于直接降低本地政府债务规模，还会间接降低相邻地区政府债务规模。

8.1.3 发展普惠金融影响政府债务规模的作用机制

普惠金融促进中小微企业发展，扩大地方税基，有助于降低地方政府债务规模。根据 2019 年底国家统计局发布的第四次全国经济普查结果，中小微企业占总企业数量99%以上，吸纳就业人员近80%，孕育了70%的创新技术，贡献了60%的国内生产总值与50%的税收。税收是政府收入的重要来源，促进中小微企业的发展，便能促进政府税收收入的增长，进而缓解政府财政压力，降低地方政府债务规模。普惠金融主要通过缓解融资约束、降低信贷成本等方式促进中小微企业发展。一方面，由于中小微企业的财务规范性参差不齐，出于风险最小化角度，银行对信用难以估计的中小微企业放贷较为谨慎(郑录军 等，2023)，而发展普惠金融使得银行需要推出更多的金融产品，多样化的金融产品推动了金融资源配置深化，中小微企业的融资选择更加多样化(邹伟 等，2018)。另一方面，发展普惠金融有助于缓解农村金融资源流失、金融供需矛盾突出的局面，对于构建完善的金融市场发挥着重要的作用(王秋颖 等，2020)。随着金融市场的不断完善，外源融资成本高昂所造成的融资约束将会得到缓解。近年来，我国第三产业发展迅速，部分地区第三产业产值占比超过第二产业，进入后工业化时代，产业结构不断优化，而地方民营企业、中小微企业的发展成为第三产业占比快速提升的重要原因。为此，本书提出假设 H_3 和假设 H_4。

H_3:发展普惠金融有助于提高地方公共财政收入，进而降低地方债务规模。

H_4:发展普惠金融有助于提高第三产业产值占比，进而降低地方债务规模。

8.2 研究设计

8.2.1 数据与变量说明

本书选取我国2011—2018年265个地级市数据进行研究。空间机制分析部分去除2011年及数据缺失严重的样本，选取177个地级市数据作为空间计量数据样本。数据主要来源于Wind数据库、《中国城市统计年鉴》《中国金融年鉴》《中国区域金融运行报告》及各地级市统计局网站等。

1. 被解释变量:地方政府债务规模

地方政府进行城市建设需要大量资金，在财政收入相对不足的情况下，地方政府面临着较大的融资需求，利用地方政府融资平台融资成了地方政府获取资金的惯用方式（肖叶，2020）。有研究采用政府的基建投资支出与政府收入之间的差额作为地方政府债务规模的衡量方式（吕健，2014），或是将地方政府债务分成显性债务与或有债务（黄春元 等，2015），这两种方法对地方政府债务规模的衡量有一定的参考性，但存在衡量误差及数据可获得性问题。也有研究采用各地区审计部门披露的债务数据进行研究（陈瑞 等，2016），尽管官方发布的债务数据可参考性极强，但由于部分地区披露的数据时间跨度较短、不连续且存在较多缺失值，难以支撑实证研究。采用地方政府融资平台债务余额表示地方政府债务规模的优势包括两方面：一是数据可获得性较高，二是地方政府主要通过政府融资平台进行债务融资（蒲丹琳 等，2014）。因此，本书以地方政府融资平台债务余额表示地方政府债务规模。

2. 核心解释变量：普惠金融发展指数（IFI）

考虑到普惠金融特性及数据可得性，本书使用金融服务可获得度、金融服务覆盖密度及金融服务使用深度 3 个维度 6 个指标构建普惠金融发展指数。金融服务可获得度包括每万人金融机构数及每万人金融机构从业人数两个子指标；金融服务覆盖密度包括每万平方公里金融机构数及每万平方公里金融机构从业人数两个子指标；金融服务使用深度包括人均存款占人均 GDP 比重及人均贷款占人均 GDP 比重两个子指标。普惠金融发展指数的测度方法如下：

首先，为避免量纲不同所造成的数据缺少可比性问题，采用极差法对原始数据进行无量纲化处理。

$$D_{it} = \frac{X_{it} - \min\{X_{it}\}}{\max\{X_{it}\} - \min\{X_{it}\}}$$

其中：X_{it} 表示各指标的实际观测值；$i = 1,2,\cdots,6$，代表 6 个子指标；t 表示 X_i 在t 年时的观测值；D_{it} 表示经过无量纲化后的变量值。为降低主观因素带来的结果偏移，参考彭文斌和曹笑天（2023）的方法采用变异系数法对各维度进行赋权。

$$V_{it} = \frac{S_{it}}{D_{it}} \ (i = 1, 2, \ldots, n)$$

$$w_{it} = \frac{V_{it}}{\sum_{i=1}^{n} V_{it}}$$

其中：S_{it} 代表 D_{it} 在 t 时期的标准差，V_{it} 表示变异系数，w_{it} 表示各指标所占权重。最后，采用欧氏距离法计算普惠金融发展指数。

$$ifi_t = \frac{1}{2}\left(\frac{\sqrt{X_{1t}^2 + X_{2t}^2 + \cdots + X_{nt}^2}}{\sqrt{w_1^2 + w_2^2 + \cdots + w_n^2}} + \frac{\sqrt{(w_1^2 - X_{1t})^2 + (w_2^2 - X_{2t})^2 + \cdots + (w_n^2 - X_{nt})^2}}{\sqrt{w_1^2 + w_2^2 + \cdots + w_n^2}}\right)$$

其中，ifi_t 表示某地区 t 时期的普惠金融发展指数，取值范围为[0,1]。ifi_t 越趋于 1，表示普惠金融发展水平越高；反之，则表示普惠金融发展水平越低。

3. 中介变量

根据研究假设，选取地方公共财政收入（*cais*）、第三产业产值占 GDP 比重（*tgb*）作为机制检验指标。

政府财政收支不平衡是地方政府债务扩张的重要原因，政府财政收入增加有助于降低地方政府债务规模。一方面，发展普惠金融降低了中小微企业获取金融支持的成本，缓解了中小微企业面临的融资约束，有助于促进企业发展，进而促进当地税收增长。另一方面，受传统金融服务的门槛限制，低收入群体较难获取低成本、高质量的金融服务，随着普惠金融的发展，低收入群体也可以获取金融服务，一定程度上提升了低收入群体的可持续生计能力，在低收入群体收入提高过程中壮大了本地纳税人群（梁晓琴，2020），有助于增加当地政府财政收入。

2013 年，我国第三产业占比超过第二产业，部分城市进入后工业时代，产业结构不断优化，中小微企业、民营企业的发展成为第三产业快速发展的主要原因，也是我国产业结构持续优化的主要动力。普惠金融使得金融服务受众更广，金融服务获取更为便捷，在一定程度上缓解了中小微企业的融资难问题。中小微企业获取了发展所需资金，进一步促进了中小微企业发展，不断扩大的中小微企业规模在一定程度上可以影响地方税收和预算内收入，进而影响地方政府债务规模。

4. 控制变量

考虑到影响地方政府债务规模的其他因素，选取以下控制变量：① 公共财政支出(*caiz*)，采用地方一般公共预算支出衡量。② 基础设施建设水平(*guding*)，用固定资产投资衡量。地方政府进行债务融资，用途多集中于城市基础设施建设(司海平 等，2022)，故固定资产投资较高，其地方政府债务水平也会较高。③ 经济发展水平(*rgdp*)，用人均 GDP 衡量。由于经济发展水平较高的地区，其基础设施建设需求较大并且偿债能力较强，故其债务规模可能越大。④ 城镇化水平(*urban*)，用非农业人口与年末总人口的比值表示。城镇化过程引发政府公共支出压力增加，可能会提高政府债务水平(卢洪友等，2020)，预期将提高地方政府债务规模。⑤ 创新水平(*kexue*)，用地方政府科学技术支出衡量。为保证数据量级统一以及消除异方差，对数据进行对数化处理，变量描述性统计见表 8.1。

表 8.1 描述性统计

变量名	数据量	均值	标准误	最小值	最大值
ln_*debt*	1 896	3.861	1.39	0.693	7.977
ln_*ifi*	2 120	−0.675	0.015	−0.692	−0.544
ln_*cais*	2 107	13.256	1.273	9.629	17.382
ln_*tgb*	1 852	3.632	0.24	2.317	4.351
ln_*caiz*	2 120	14.683	0.696	11.488	17.643
ln_*guding*	2 117	16.084	0.838	13.114	18.241
ln_*rgdp*	2 120	16.199	0.883	13.198	18.835
ln_*urban*	1 959	−1.172	0.487	−2.216	−0.009
ln_*kexue*	2 115	10.175	1.293	−0.945	15.211

8.2.2 模型构建

1. 基准回归:固定效应模型

构建以下模型进行实证分析：

$$\ln\_debt_{it} = C + \alpha_{it}\ln\_ifi_{it} + \beta_{it}contol_{it} + ind + year + \varepsilon$$

其中，$\ln\_debt_{it}$ 表示地方政府债务规模，核心解释变量 $\ln\_ifi_{it}$ 衡量了 i 地区 t 年的普惠金融发展水平，控制变量 $control_{it}$ 包括公共财政支出($\ln\_caiz$)、基础设施建设水平($\ln\_guding$)、经济发展水平($\ln\_rgdp$)、城镇化水平($\ln\_urban$) 以及创新水平($\ln\_kexue$)，ind 和 $year$ 分别表示城市的个体效应和时间效应，ε 为残差项。

2. 空间估计模型

考虑到地方政府债务规模可能会受到邻近地区普惠金融发展的影响，本书将构建空间模型进行分析。首先，采用邻接矩阵(两地区相邻记为 1，不相邻则记为 0)作为空间权重矩阵，对主要变量进行 Moran$'I$ 指数的测算，分析是否存在空间相关性。其次，采用 LM 检验、Hausman 检验、LR 检验选择最适空间回归模型，并将空间效应分解为对本地区的直接影响效应和对相邻地区的间接影响效应(溢出效应)。空间回归模型设定如下：

$$\boldsymbol{y} = \rho\boldsymbol{W}\boldsymbol{y} + \boldsymbol{X}\boldsymbol{\beta} + \theta\boldsymbol{W}\boldsymbol{X} + \delta$$

$$\delta = \lambda\boldsymbol{W}\delta + \varepsilon$$

$$\varepsilon \sim N(0,\sigma^2)$$

式中，$\boldsymbol{y}$ 表示 n 维被解释变量列向量，$\boldsymbol{X}$ 表示 $n\times k$ 阶被解释变量矩阵，n 为区域数量，k 为解释变量数，$\boldsymbol{W}$ 表示空间权重矩阵，ρ 和 θ 表示空间自回归系数，λ 表示空间自相关系数，$\boldsymbol{\beta}$ 表示 $\boldsymbol{X}$ 的行向量，δ 以及 ε 分别表示相互独立同分布的误差项与干扰项，其中 ε 符合均值为 0、标准差为 σ 的正态分布。若随机扰动项的空间自相关性不参与模型估计，则称之为空间滞后模型；若被解释变量的空间自相关性不参与模型估计，则称之为空间误差模型。

3. 分位数估计模型

传统的最小二乘估计是均值回归，难以对数据所蕴含信息进行充分挖掘。分位数回归能够较好地进行数据极值的处理及数据信息的挖掘。具体模型设定如下：

$$Q_q(debt \mid ifi, Z) = \alpha(q) + \beta(q) ifi_i + \gamma(q) Z_i$$

式中，$Q_q(debt \mid ifi, Z)$ 代表被解释变量 $debt$ 在解释变量为 ifi 与 Z 时第 q 分位上的值，$\beta(q)$ 表示第 q 分位上主要解释变量的系数。通过不同分位的普惠金融系数变化，来观察不同地方政府债务规模水平时发展普惠金融对地方政府债务规模的影响效应的强弱变化。

4. 中介效应检验

为寻找普惠金融影响地方政府债务规模可能的路径，运用递归法设定中介效应模型，检验可能存在的影响路径。具体模型设定如下：

$$\ln\_debt_{it} = \alpha_0 + \alpha_1 \ln\_ifi_{it} + \alpha_2 control_{it} + \varepsilon_{1it}$$

$$\ln\_tgb_{it}(\ln\_cais_{it}) = \beta_0 + \beta_1 \ln\_ifi_{it} + \beta_2 control_{it} + \varepsilon_{2it}$$

$$\ln\_debt_{it} = \gamma_0 + \gamma_1 \ln\_ifi_{it} + \gamma_2 \ln\_tgb_{it}(\ln\_cais_{it}) + \gamma_3 control_{it} + \varepsilon_{3it}$$

其中，γ_1、α_1 与 β_1 分别代表着总效应、直接效应与间接效应，ε 表示随机扰动项，$\ln\_debt$、$\ln\_tgb(\ln\_cais)$ 与 $\ln\_ifi$ 分别代表地方政府债务规模、中介指标与普惠金融发展指数。各控制变量与基准回归保持一致。

8.3 实证结果与分析

8.3.1 基准模型分析

表 8.2 为普惠金融对地方政府债务规模的影响。从第(1)列至第(2)列的结

果来看，Hausman 检验在 0.01 水平上显著为正，采用固定效应模型进行估计。从单变量到多变量估计结果来看，普惠金融的系数绝对值相较于单变量回归有所下降，但是系数符号均在 0.01 显著性水平上为负，说明地方普惠金融指数与地方政府债务规模呈显著负相关关系，即发展普惠金融有助于降低地方债务规模。从第(3)列至第(7)列的分位数估计结果来看，不同分位下的普惠金融指数(ln_*ifi*)系数均显著为负，再次说明发展普惠金融能够显著降低地方政府债务规模，假设 H_1 成立。随着分位点数的上升，普惠金融回归系数绝对值呈现逐渐减小的趋势，说明对于地方政府债务规模较小的城市，发展普惠金融降低地方政府债务规模的效应更强。

表 8.2　基准回归及分位数回归

变量	(1) fe ln_*debt*	(2) fe ln_*debt*	(3) Q10 ln_*debt*	(4) Q25 ln_*debt*	(5) Q50 ln_*debt*	(6) Q75 ln_*debt*	(7) Q90 ln_*debt*
ln_*ifi*	−41.12***	−7.495***	−13.16*	−9.590***	−8.966**	−5.591***	−4.998***
	(2.309)	(1.753)	(7.773)	(1.563)	(4.057)	(0.812)	(0.583)
ln_*caiz*		0.297***	0.148	0.0111	0.454***	0.687***	0.304***
		(0.0642)	(0.288)	(0.149)	(0.0312)	(0.0280)	(0.0348)
ln_*guding*		0.185***	0.0776	0.170***	−0.0413	0.0448	0.198***
		(0.0336)	(0.0973)	(0.0656)	(0.0352)	(0.0293)	(0.0126)
ln_*rgdp*		2.147***	1.090***	0.919***	0.334***	0.645***	0.336***
		(0.108)	(0.311)	(0.146)	(0.0687)	(0.0665)	(0.0299)
ln_*urban*		−17.33**	0.751***	0.450	0.450***	0.466***	0.465***
		(8.601)	(0.220)	(0.302)	(0.0546)	(0.0268)	(0.0197)
ln_*kexue*		0.122***	0.218***	0.356***	0.434***	0.294***	0.309***
		(0.0259)	(0.0603)	(0.0775)	(0.0148)	(0.0186)	(0.00693)
_*cons*	−23.90***	−64.72***					
	(1.559)	(9.972)					
N	1 896	1 751	1 751	1 751	1 751	1 751	1 751
R^2	0.163	0.634					
Hausman	459.21***						

注：括号中为标准误；* $p<0.1$，** $p<0.05$，*** $p<0.01$。

8.3.2　普惠金融对地方政府债务的空间效应检验

采用空间邻接矩阵测算普惠金融发展水平与地方政府债务规模的莫兰指数(见表 8.3)，发现普惠金融与地方政府债务规模的莫兰指数均为正值，并且呈现逐年上升趋势，说明普惠金融与地方政府债务规模均存在逐年增强的空间相关性。地方政府债务规模 2012 年和 2018 年的莫兰散点图如图 8.1 所示，普惠金融 2012 年和 2018 年的莫兰散点图如图 8.2 所示。图 8.1 和图 8.2 所示地级市样本大多聚集于第一象限及第三象限，呈现高值集聚与低值集聚现象，说明地方政府债务规模、普惠金融发展水平具有正空间相关性。因此，有必要对普惠金融与地方政府债务规模进行空间关系分析。

表 8.3　莫兰指数

年份	ln_*debt*			ln_*ifi*		
	Moran's *I*	*Z*	*P*	Moran's *I*	*Z*	*P*
2012	0.096 9	1.806 6	0.070 8	0.173 5	3.264 1	0.001 1
2013	0.061 1	1.176 4	0.239 4	0.226 9	4.217 5	0.000 0
2014	0.091 4	1.708 8	0.087 5	0.375 7	6.785 8	0.000 0
2015	0.096 6	1.800 2	0.071 8	0.326 0	5.973 9	0.000 0
2016	0.116 7	2.153 1	0.031 3	0.445 3	8.056 5	0.000 0
2017	0.158 3	2.884 2	0.003 9	0.506 6	9.111 9	0.000 0
2018	0.195 0	3.530 2	0.000 4	0.415 8	7.569 7	0.000 0

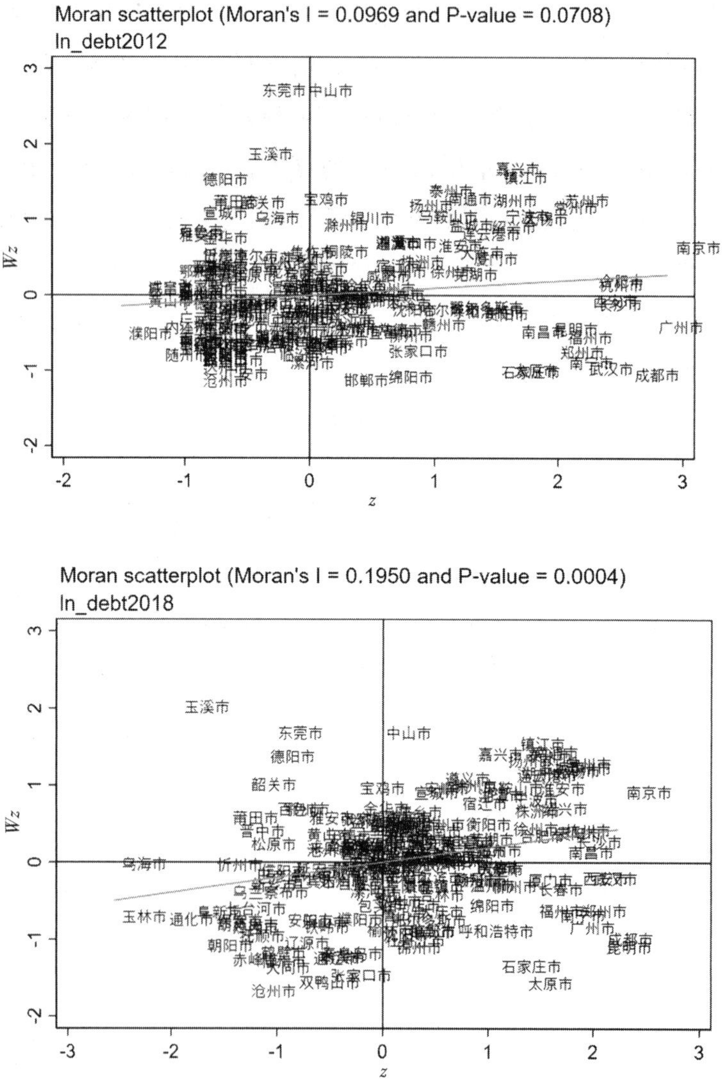

图 8.1　地方政府债务规模 2012 年和 2018 年的莫兰散点图

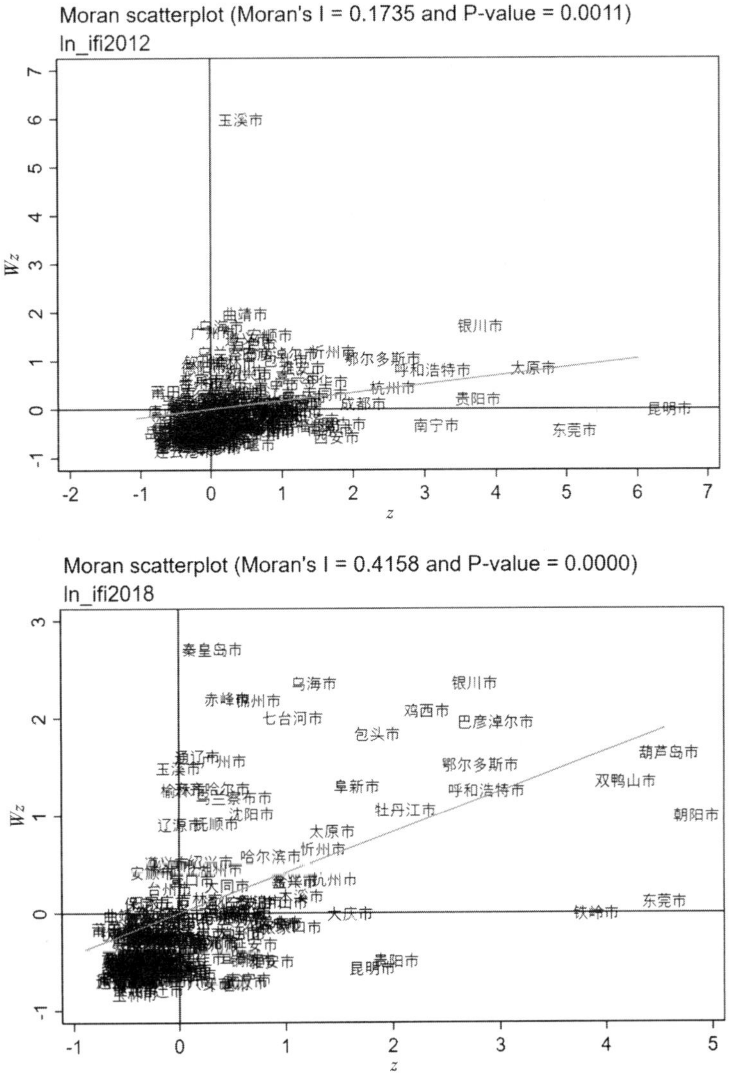

图 8.2　普惠金融 2012 年和 2018 年的莫兰散点图

采用 LM 检验对静态面板回归(OLS)进行空间关系分析，检验发现既可以使用空间滞后模型也可以使用空间误差模型。进一步的 LR 检验发现，不能拒绝“空间杜宾模型会退化成空间滞后模型”的原假设，因此，最终使用双固定效应的空间滞后模型进行分析。

表 8.4 LM 检验结果

	LM	P
Moran's *I*	2.415	0.016
LM-lag 检验	32.287	0.000
稳健的 LM-lag 检验	9.116	0.003
LM-error 检验	85.757	0.000
稳健的 LM-error 检验	62.586	0.000

表 8.5 空间估计结果与空间效应分解

变量	(1) SAR	(2) LR_Direct	(3) LR_Indirect	(4) LR_Total
ln_*ifi*	−4.576** (1.870)	−4.585** (1.952)	−1.375** (0.633)	−5.960** (2.545)
ln_*caiz*	0.064 0 (0.070 8)	0.062 2 (0.069 5)	0.018 8 (0.021 7)	0.080 9 (0.090 8)
ln_*guding*	−0.059 8 (0.042 0)	−0.056 7 (0.040 9)	−0.016 9 (0.012 8)	−0.073 6 (0.053 3)
ln_*rgdp*	3.508*** (0.444)	3.556*** (0.419)	1.061*** (0.189)	4.617*** (0.519)
ln_*urban*	4.401 (12.34)	4.575 (12.16)	1.371 (3.775)	5.945 (15.89)
ln_*kexue*	0.042 0 (0.025 8)	0.044 3* (0.026 5)	0.013 3 (0.082 6)	0.057 6* (0.034 5)
rho	0.243*** (0.032 3)			
sigma2_e	0.114*** (0.004 60)			
N	1 239			
R^2	0.420			
时点固定	是			
个体固定	是			
Hausman	412.95***			

注:括号中为标准误; * $p<0.1$, ** $p<0.05$, *** $p<0.01$。

表 8.5 的第(1)列估计结果中，普惠金融发展指数(ln_*ifi*)系数显著为负，说

明考虑地区空间相关性后，发展普惠金融仍然有助于降低地方政府债务规模。空间滞后模型估计的参数并不能直接反映出效应的空间关系，借鉴 Lesage(2009)等提出的偏微分方法，将空间效应分解成直接空间效应与间接空间效应。从表 8.5 中第(2)列直接效应结果来看，本地区普惠金融发展越好，越有助于降低本地区地方政府债务规模，与基准回归结论保持一致。从表 8.5 中第(3)列间接效应结果来看，本地区普惠金融发展可以降低邻近地区的地方政府债务规模，假设 H_2 成立。相比而言，直接效应(－4.585)大于间接效应(－1.375)。

8.3.3　稳健性检验

考虑到数据缺失值、变量选取问题、样本极端值、内生性的影响，进行四个方面的稳健性检验:一是 2011 年样本中地方债务数据缺失值较多，剔除 2011 年样本后进行估计；二是替换被解释变量进行回归估计；三是采用普惠金融指数滞后一期、滞后二期进行估计；四是采用人均地方政府债务规模替换地方政府债务规模进行稳健性检验，并将空间效应分解成直接效应和间接效应。

表 8.6 中第(1)列为剔除数据缺失较为严重的年份后的回归结果，相较于基准回归，普惠金融对地方政府债务规模的影响系数从－7.495 变为－7.289，并且依旧通过了 0.01 显著性水平检验，与基准回归结果一致。第(2)列采用人均地方政府债务规模(ln_*rdebt*)代替被解释变量，结果显示考虑人口因素后，发展普惠金融对人均政府债务规模的影响效应有所下降，系数依旧显著为负，说明发展普惠金融有助于降低人均地方政府债务规模。第(3)列和第(4)列分别采用普惠金融指数滞后一期、滞后二期进行估计，以此来降低“地方政府债务规模的增长促进本地区普惠金融的发展”这一反向因果关系的影响。考虑到前期的普惠金融发展会促进金融业发展，进而对当期经济发展水平产生影响，对经济发展水平(ln_*rgdp*)进行了剔除处理。估计结果显示，滞后一期、滞后二期的普惠金融系数都显著为负，滞后二期估计系数绝对值小于滞后一期估计系数绝对值，说明发展普惠金融降低地方政府债务规模的效应存在持续性，但是这种效应呈现出减弱的趋势。

表 8.6 稳健性检验

变量	(1) ln_*debt*	(2) ln_*rdebt*	(3) ln_*debt*	(4) ln_*debt*	(5) SAR	(6) Direct	(7) Indirect	(8) Total
ln_*ifi*	−7.289*** (1.846)	−6.108*** (1.860)			−3.845** (1.883)	−3.847* (1.969)	−1.210* (0.656)	−5.057* (2.594)
ln_*ifi*(−1)			−15.37*** (2.036)					
ln_*ifi*(−2)				−14.41*** (2.160)				
控制变量	是	是	是	是	是	是	是	是
_*cons*	−34.46** (15.92)	−76.63*** (10.59)	−25.13 (17.61)	−122.0*** (32.37)	rho sigma2_e	0.252*** (0.032 2) 0.115*** (0.004 67)		
Hausman	257.96***	487.53***	70.06***	146.05***	Hausman	189.6***		
N	1616	1752	1616	1414	N	1239		
R^2	0.540	0.605	0.439	0.322	R^2	0.328		

注：括号中为标准误；* $p<0.1$，** $p<0.05$，*** $p<0.01$。

表 8.6 中第(5)列至第(8)列表明，通过空间相关性检验、静态面板 LM 检验、Hausman 检验及 LR 检验，替换被解释变量的空间效应稳健性检验依旧选择空间滞后模型(SAR)作为估计模型。对比表 8.5 回归系数大小、方向及显著性可知，稳健性检验结果与表 8.5 基本一致，说明发展普惠金融不仅有助于直接降低本地政府债务规模，还会间接降低相邻地区政府债务规模，且直接效应强于间接效应，空间效应具有稳健性。

8.3.4 机制分析

表 8.7 中介效应检验

变量	(1) ln_*debt*	(2) ln_*cais*	(3) ln_*debt*	(4) ln_*debt*	(5) ln_*tgb*	(6) ln_*debt*
ln_*ifi*	−7.349*** (1.765)	4.074*** (1.351)	−7.031*** (1.775)	−7.495*** (1.753)	2.410*** (0.350)	−8.471*** (1.857)
ln_*cais*			−0.083 1** (0.032 4)			
ln_*tgb*						−0.290* (0.155)
控制变量	是	是	是	是	是	是
_*cons*	−69.45*** (9.987)	−22.44*** (6.190)	−70.77*** (9.993)	−64.72*** (9.972)	−2.253 (1.521)	−67.56*** (9.862)
N	1 751	1 948	1 748	1 751	1 705	1 507
R^2	0.629	0.549	0.631	0.634	0.644	0.649
Sobel 检验	0.898* (z=1.758)			4.317 3*** (z=6.91)		
Goodman 检验 1	0.898* (z=1.753)			4.317 3*** (z=6.894)		
Goodman 检验 2	0.898* (z=1.763)			4.317 3*** (z=6.926)		
中介效应	0.898* (z=1.758)			4.317*** (z=6.910)		
直接效应	4.148*** (z=2.586)			0.351 (z=0.204)		
总效应	5.046*** (z=3.003)			4.668*** (z=2.774)		
中介效应比例	0.178 0			0.924 7		

注：括号中为标准误；* $p<0.1$，** $p<0.05$，*** $p<0.01$。

表 8.7 为公共财政收入与第三产业产值比在普惠金融影响地方政府债务规模过程中的中介效应估计结果。其中，第(1)列至第(3)列为公共财政收入在普惠金融影响地方政府债务规模的统计过程中所产生的中介效应估计结果，为避免多重共线性的影响，去除了“公共财政支出”这一控制变量。第(1)列检验了普惠金融指数(ln_*ifi*)对地方政府债务规模(ln_*debt*)的影响，普惠金融指数(ln_*ifi*)的系数显著为负，表明普惠金融有助于降低地方政府债务规模。第(2)列检验了普惠金融指数(ln_*ifi*)对公共财政收入(ln_*cais*)的影响，发现普惠金融指数(ln_*ifi*)的系数显著为正，表明发展普惠金融有助于提高政府公共财政收入。第(3)列中变量 ln_*cais* 显著为负，表明公共财政收入与地方政府债务规模显著负相关，公共财政收入在普惠金融与地方政府债务规模之间起到了部分中介作用，验证了“普惠金融-公共财政收入-地方政府债务规模”的影响机制。此外，公共财政收入可能存在的中介效应通过了 Sobel 检验、Goodman 检验 1 以及 Goodman 检验 2 三种检验。其中，公共财政收入在普惠金融中的中介效应比例为 17.80%，假设 H_3 得到验证。这一结论较为贴合现实，发展普惠金融降低了中小微企业获取金融服务的门槛，意味着中小微企业贷款成本降低，使中小微企业可以更快速便捷地获取发展所需资金，中小微企业的快速发展则会使政府税收增加，进而起到增加政府公共财政收入，降低地方政府债务规模的作用。

表 8.7 第(4)列至第(6)列为普惠金融通过提升第三产业产值比降低地方政府债务规模的中介效应检验结果。第(4)列的检验结果与表 8.2 第(2)列一致，普惠金融指数(ln_*ifi*)系数显著为负。第(5)列中普惠金融指数的系数显著为正，表明发展普惠金融有助于地方第三产业发展，即能促进第三产业产值比上升。第(6)列中第三产业产值比系数显著为负，表明第三产业产值比的增加会降低地方政府债务规模。验证了“普惠金融-第三产业产值比-地方政府债务规模”的影响机制。其中，第三产业产值比在普惠金融中的中介效应比例为 92.47%，并且通过了 Sobel 检验、Goodman 检验 1 以及 Goodman 检验 2 三种显著性水平检验，假设 H_4 得到验证。此外，为检验发展普惠金融对降低地方政府债务规模的影响机制，还对第二产业产值占比，二、三产业产值比，产业多样化，就业率等因素进行

了分析，发现上述因素并未发挥中介作用。

8.4　异质性检验

本书进行了四个方面的异质性分析：第一，对东部、中部、西部地区进行分析，探究发展普惠金融对地方政府债务规模的影响效果的区域差异。第二，根据城市经济发展水平划分较低城市组与较高城市组，探究发展普惠金融对地方政府债务规模的影响强度是否存在经济水平上的差异。将地级市经济状况表示为人均 GDP 的 2011—2018 年样本均值，与全样本人均 GDP 均值进行比较，把城市划分为经济发展水平较高城市与经济发展水平较低城市。第三，依据“2023 城市商业魅力排行榜”将地级市划分成一线城市组、二线城市组及三线城市组，其中，一线城市组由一线城市及新一线城市组成。第四，根据国务院《关于调整城市规模划分标准的通知》，以 2018 年城市常住人口为标准将 500 万人以上城市划分为特大城市组，100 万人至 500 万人城市划分为大城市组，100 万人以下城市划分为中小城市组。

表 8.8　分区域与经济水平的异质性检验

变量	(1) 东部地区	(2) 中部地区	(3) 西部地区	(4) 较低	(5) 较高
ln_*ifi*	-11.18^{***} (2.551)	-2.030 (3.712)	-9.500^{***} (3.260)	-9.092^{***} (2.624)	-3.699^{*} (2.236)
控制变量	是	是	是	是	是
_*cons*	-79.51^{***} (11.30)	-64.01^{***} (21.00)	-80.64^{***} (24.67)	-65.56^{***} (20.78)	-72.14^{***} (9.705)
Hausman	131.12^{***}	112.58^{***}	91.29^{***}	15.00^{**}	156.89^{***}
N	536	711	504	971	780
R^2	0.660	0.710	0.522	0.533	0.751

注：括号中为标准误；$^{*}p<0.1$，$^{**}p<0.05$，$^{***}p<0.01$。

表 8.8 为分区域与经济水平的异质性检验结果。其中，第(1)列至第(3)列

为分区域异质性检验，东部地区与西部地区样本估计结果分别为－11.18及－9.500，且在0.01统计水平显著，说明东部、西部地区发展普惠金融降低地方政府债务规模的效应显著。第(4)列与第(5)列表示不同经济发展水平下的普惠金融与地方政府债务规模之间的关系。结果显示，相比于经济发展水平较高的地区，在经济发展水平较低的城市样本中，发展普惠金融降低地方政府债务规模的强度更大。可能的原因是，经济发展水平较低的地区，普惠金融发展越好，所产生的经济效能越高，发展普惠金融降低地方政府债务规模的效应越强烈。

表8.9　分城市层级与人口规模的异质性检验

变量	(1)fe 一线城市	(2)fe 二线城市	(3)fe 三线城市	(4)fe 特大城市	(5)fe 大城市	(6)re 中小城市
ln_*ifi*	－4.807 (3.309)	－4.751 (4.198)	－6.969*** (2.296)	－4.198 (3.111)	－5.202** (2.128)	－29.57*** (11.15)
控制变量	是	是	是	是	是	是
_*cons*	－77.42*** (17.22)	－90.91*** (27.23)	－62.00*** (11.63)	－72.09*** (15.21)	－67.38*** (13.21)	－31.40*** (10.07)
Hausman	37.31***	47.47***	318.05***	60.78***	84.63***	3.43
N	104	183	1 464	643	1 053	55
R^2	0.850	0.771	0.600	0.739	0.585	0.305

注:括号中为标准误；* $p<0.1$，** $p<0.05$，*** $p<0.01$。

表8.9中第(1)列至第(3)列为分城市层级异质性检验结果。在一线城市组和二线城市组估计中，普惠金融对地方政府债务规模的影响不显著。在三线城市组估计中，普惠金融对地方政府债务规模有显著的降低作用。第(4)列至第(6)列为城市人口规模异质性检验结果。特大城市组估计的普惠金融指数(ln_*ifi*)系数不显著。大城市组估计结果表明，普惠金融能够显著降低地方政府债务规模。中小城市组的Hausman检验不显著，采用随机效应模型估计的普惠金融指数(ln_*ifi*)系数显著为负，说明中小城市发展普惠金融有助于降低地方政府债务规模。上述分析表明，发展普惠金融降低地方政府债务规模的效应表现出区域性、经济发展水平、商业水平及人口规模方面的异质性。

本章小结

通过对我国2011—2018年地级市数据的实证分析，探讨发展普惠金融与地方政府债务规模的关系及影响机制。研究发现：发展普惠金融有助于降低地方政府债务规模，尤其是对于地方政府债务规模较小的城市，发展普惠金融降低地方政府债务规模的效应更强。剔除特殊年份（样本缺失较多的年份）、替换被解释变量（地方政府债务规模指标）、滞后一期和滞后二期的稳健性检验表明，发展普惠金融有助于降低地方政府债务规模的结论依然成立，且这种效应存在持续减弱的特征。考虑空间关联的估计结果表明，发展普惠金融既存在降低本地政府债务规模的直接效应，还产生了间接降低相邻地区政府债务规模的溢出效应。机制检验表明，发展普惠金融通过提升地方公共财政收入和提升地方第三产业产值比来降低地方政府债务规模，存在的中介效应分别达到17.80%、92.47%。异质性分析表明，发展普惠金融降低地方政府债务规模的效应具有区域性、经济发展水平、商业发展水平及人口规模方面的异质性。据此，提出以下政策建议：(1) 有效监测地方政府债务，防范地方政府债务风险。首先，构建政府资金流向信息披露机制，在政府举债缘由、举债规模、审批流程及资金使用情况等方面进行全流程政府债务管理。其次，提升政府债务风险监测有效性，构建包含债务率、偿还率及逾期率等指标的政府债务风险多维监测指标体系，进行实时动态监测。最后，坚持融资主体与责任主体一致、融资目的与资金流向一致、项目申请与具体落实一致的"三个一致"原则，切实提高政府债务融资资金使用效率。(2) 推进普惠金融发展，提高金融服务质量。首先，加强普惠金融基础设施建设，通过建立物理网点、完善线下金融设施等方式扩大金融服务覆盖面。其次，开展金融知识宣传工作。金融服务难以真正"普惠"，其中一个重要原因便是存在金融知识壁垒，因此，可以成立金融知识宣传专项基金，用于进行各项金融知识普及活动。构建基于5G、大数据及区块链等数字技术的金融服务主客体互信机制，建立银行与企业间的信任关系，建立"客户导向"的产品创新机制，以满足不同体量、不同行业的客户需求，提高金融服务效率。（3）发展普惠金融，促进第三产业、中小微企业、民营企业发展。加大针对第三产业、中小微企业、民营企业的政策扶持力度，通过拓宽融资渠道、落实新兴企业税率优惠、适当降低融资门槛等方式改善产业发展环境，对于具有行业优势和特色的企业给予更大的政策扶持。鼓励企业结合地域特点、文化特色、产业优势打造地域特色产业，推进地区品牌建设，推动产业高质量发展，降低地方政府债务规模。

第 9 章　政策建议

9.1　全面推进产业结构升级

9.1.1　有序推进第三产业发展

充分发挥城市规模经济优势和市场资源配置的决定性作用，促进第三产业及新兴产业发展。提高城市管理和治理水平，加强市场监管，鼓励中等规模城市根据自身禀赋特征发展特色产业。根据城市现实情况稳步推进第三产业发展，针对部分行业垄断程度过高、透明度偏低等问题，通过常态化公平性审查，降低行业准入门槛，通过改善营商环境，促进第三产业健康发展。扩大减税降费规模与范围，落实民营经济发展政策。支持以创新发展引领的高技术产业，带动产业结构调整，牵引就业结构的相应调整。目前，我国将产业划分为农业、工业和服务业三大产业，根据劳动人口统计数据，从事第一产业的劳动人口比重不断下降，农业和工业发展对劳动力的吸附能力有限甚至出现下降趋势，劳动力呈现出从第一产业向第二、第三产业转移的特征。发展普惠金融能够缓解民营企业、中小企业、创业人群面临的融资约束，通过有序推进第三产业发展，协调产业结构与就业结构之间的不平衡。完善的金融法规、规章制度是普惠金融发挥其作用的重要制度基础，应将普惠金融纳入正规的金融法规与监管体系，为小微企业等提供金融服务的制度保障。金融机构应提高普惠金融服务的可获得性和服务效率，落实普惠金融政策，提高金融从业人员素质，从根本上提高地区普惠金融发展水平。

9.1.2 因地制宜实施工业化发展规划

工业制造业是推动经济发展的主力军，我国制造业经历了由弱到强的过程，当前处于由“中国制造”向“中国创造”转型的关键时期。从全球来看，我国部分制造业行业的短板很明显，低端产品过剩与中高端产业生产不足并存，导致产品制造业供给端与需求端的矛盾十分突出。在外部经济环境不确定性加剧和以美国为首的贸易保护主义长期存在的预期下，加快高新技术研发和人才培养，打破“卡脖子”的局面，通过提升科学技术水平来拓展产业发展空间，成为当务之急。

从劳动力结构来看，工业制造业面临劳动力成本过高的问题。老龄化人口逐渐增加，人口红利逐渐消失，抬高了企业的用工成本和生产成本，使得产业转型升级面临阻碍。在采用高新技术促进产业转型升级的过程中，需顺应市场发展规律，带动各类就业吸纳能力较强的产业协同发展，积极采取措施保护就业。

重新审视工业化进程。工业化水平是社会生产力的体现，但是“工业化”不等同于或局限于“发展重工业”，提高工业水平包括数量和质量两个方面，应坚定不移走新型工业化道路。然而，在市场分割、地方保护、区域竞争的影响下，各地区工业园区存在一定程度的同质化现象，工业企业数量规模增速较快，整体工业化质量有较大提高空间。首先，新型工业化意味着要以信息化、数字化、智能化为发展方向，以科技创新为动力，注重技术进步和劳动力素质的提高。其次，增强产业的可持续发展能力，支持现代工业长期发展，坚持“绿水青山就是金山银山”，处理好经济发展与环境之间的关系，既能充分利用资源、降低污染，也能推进经济社会的可持续发展。最后，鼓励企业进行技术改造，利用技术进步的就业带动效应培育新型产业工人，实现区域性人力资本升级。在追求产业结构升级的同时，也要发挥好技术进步的就业带动效应。各级政府在制定产业发展规划时，应注重产业结构与就业结构、就业目标的协同，实现劳动力素质与就业率协同，以适应科技带动的新型工业化。

关注城市工业化进程与劳动力素质提升的有机结合，培养满足社会发展要求及劳动力市场要求的劳动者。毋庸置疑，劳动力素质的提升对产业结构升级有正向推动作用。我国职业教育发展不平衡，使得许多学生更加愿意读普通高中，以致我国产业结构升级的进程中缺少专业技术人才，导致劳动力素质和技能跟不上社会经济发展和科技水平进步，结构性失业普遍存在，这与当前中国高等教育与社会经济发展脱节有关。针对产业结构和就业结构不匹配的现状，应大力发展职业教育，增强劳动力素质。从我国城市层面而言，大力发展职业教育尤为重要，特别是针对本城市特有产业而专设的职业技术学校，不仅能培育更为匹配的技术人才，还能促进本城市产业的进一步优化升级。首先，建立城乡一体化的就业培训体系，注重城乡职业技能培训与市场劳动力需求的对接。其次，加强企业与高校毕业生的联系，使农村剩余劳动力能够更加有序地向城市转移，在一定程度上改善我国劳动力和就业结构的不匹配情况，促进产业结构的进一步优化升级。

9.1.3 以农业产业化发展扩大农业就业的职业需求

农林牧渔是国民经济社会发展的基础。我国老龄化人口规模不断增加，第一产业面临着农村剩余劳动力向第二、第三产业转移，从农村向城市转移的巨大压力。化解压力有两种方式：一是加快城市化进程。二是促进乡镇企业发展。目前，我国农业产业就业基本达到饱和，但是仍然可以通过扩大内需的方式来刺激第一产业的进一步发展，地方政府应加强对助农企业以及乡镇企业的支持，通过农业产业的高级化转型，提升农业产业对劳动力的吸纳能力。

现代农业是规模化和产业化的，在建设农业时，要尽可能加强农业与其他产业的联系，从纵向和横向协同发力，加长农业的产业链。纵向角度，围绕生产农产品的产业链向前向后延伸，探索农产品加工业的发展，提高农产品精深加工比例，实现价值增值。横向角度，关注农产品生产的每一个环节，为农业生产赋能，使农业生产涉及旅游观光、娱乐、文化等方方面面。拓宽产业链的深度、广度和厚度，增强农业竞争力，创造更多的就业岗位。农业产业化为农村剩余劳动力在农村内部合理转移提供了方式和渠道，能够降低农村劳动力的就业成本，从而提高农业生产力，实现农业产业调整和优化。

农业需要尽可能利用新技术手段，从根本上提高生产效率，吸引劳动者就业。我国是一个农业大国，农业关系到国计民生的方方面面，应通过科技进步和改善农田基础设施提高传统农业的效率，关注经济作物的生长状况，在发展农业时尽量减小对自然环境的破坏，利用农业生物质资源提高农产品产量。农村经济的发展还可以刺激旅游业、工业产业等发展，应该将新兴技术融合到传统农业中，只有农村的生产效益提升了，才能吸引劳动力留在农业领域。

党的十九大报告明确指出，我国的经济发展目标已经由高速增长转变为高质量发展，因此，我国产业结构也需要做出一定的调整。之前表现粗放的高能耗产业、高污染产业以及低端产业比重较大，引起的一系列环境污染问题等给经济社会发展、人民生活带来了很大困扰，我国现阶段的主要矛盾已经变成人民日益增长的美好生活需要和不平衡不充分的发展之间的矛盾，高质量发展成为必然趋势，经济发展也要兼顾环境保护。

9.1.4 促进生产性服务业与服务型制造业协同发展

构建“双循环”发展格局，发挥我国经济体量优势，提高社会再生产过程中生产、分配、流通及消费四大环节的循环能力，从“消费升级”与“自主创新”两方面推动新兴产业发展与传统产业转型升级。

生产性服务业与服务型制造业备受关注。生产性服务业是多个产业融合发展的结果，既保持了工业化生产的连续性，确保工业化生产以及技术进步，大大提高生产效率，又隶属于服务行业，利用产业优势带动传统产业发展。生产性服务业贯穿生产过程的整个阶段，包括上游、中游以及下游的各个环节，涵盖了物流、贸易、研发、金融等息息相关的产业，可以认为是利用服务业和技术为传统制造业赋能的方式方法。生产性服务业说到底仍然是服务业，它是与制造业直接相关的配套服务业，并不向消费者提供直接的、独立的服务，具有技术含量高、规模经济显著以及低能耗低污染等特点。《关于加快发展生产性服务业促进产业结构调整升级的指导意见》明确指出，我国产业优化升级与经济质量提高都需要加快生产性服务业创新发展，实现服务业与农业、工业等在更高水平上的有机融合，服务业在产业融合中起到牵头带领作用。发展生产性服务业成为改进生产方式与促进产业优化升级的必经之路。

与生产性服务业相关联的服务型制造业同样具有交叉产业、产业融合的优势，生产性服务业的重点发展方向是服务业，而服务型制造业的重点发展方向是制造业。服务型制造业做到了融合产品及服务、支持客户全程参与、实现整合分散化的制造资源与提高各自核心竞争力的高度协同。服务型制造业从传统的以产品为核心转向以人为中心，支持客户参与制造的全过程，深入客户需求，展开针对性服务，实现个性化的生产和服务。

9.2　畅通资源配置渠道提升产业结构合理化水平

产业调整对于降低失业率、改善就业结构具有重要意义，提高产业结构合理化水平与产业结构高级化水平是产业优化升级的重要方面。支持各产业的协调配合，持续构建创新型产业协调发展互动机制，各地区关注区域内部的主导产业，以主导产业带动其他产业发展，加强产业联动。加快推进全国统一大市场建设，提高生产要素在不同产业之间的循环利用程度，调整产业间生产要素的供需平衡。促进数字经济与实体经济融合发展，创新产业关联方式，支持各地区建立产业生态圈，通过产业之间的合作加强关联程度，兼顾环境保护与污染控制，贯彻落实高质量发展要求，提高资源利用效率，增强产业合理化程度。

继续消除隐形的城乡二元壁垒，推进区域一体化进程，建立统一的劳动力大市场，以劳动力市场供给侧的效率提升来推进产业结构合理化水平的提升。过去长期实施的城乡二元分割的户籍制度是形成农村劳动力城市就业壁垒的主要原因。虽然我国户籍制度一元化制度改革已完成，但是统一登记为居民户籍身份未能消除过去长期城乡二元结构下形成的劳动力流动阻力。积极采取措施破除与户籍壁垒相关的隐性因素，从根本上解决农村剩余劳动力向城市转移的壁垒，将大大促进中国城市化建设，为二、三产业展提供充足的劳动力。首先，消除劳动力城乡流动体制上的障碍。对外来劳动力流动的限制，不仅使得城市劳动力市场陷入缺乏竞争的状态，并且无法适应产业结构升级后对劳动力的需求，因此，打破城乡劳动力流动的限制，增强竞争的体制环境，能够更好适应产业结构升级，实现高效率就业。其次，完善劳动力资源配置机制和劳动力信息网络，打破就业信息壁垒。现实中，老百姓对于就业与定居的意愿并不是统一的，大量农业转移人口并未有城市定居意愿，却有在城市劳动获得高收入的愿望。通过举办招聘会、交流学习会等完善劳动力市场中介机制，建设城乡一体的就业信息匹配平台，可以为广大劳动者提供高质量的信息匹配渠道，有利于农村劳动力的有序流动，减少因信息不充分而造成的产业岗位流失或者人岗不匹配的情况。

9.3 扶持新兴技术产业发展提高产业多样化水平

当前，以 5G、人工智能、区块链、大数据、生物技术、新材料等新兴技术为支撑的新兴产业，不仅为劳动者创造出更多的行业和就业岗位，还从其他方面对就业结构产生影响。新技术使得产业之间的联系变得更加多元，逐渐形成了数字经济时代背景下，各平台技术支撑、网络与各经济活动单元相互配合的新经济系统。与传统经济发展方式相比，平台经济更为包容、灵活，劳动者寻找匹配的工作岗位的方式也相应发生改变，以人们的需求为切入点创造的大量新兴岗位，如外卖配送员、快递取件、代驾等，成为灵活就业的主要渠道。新技术革命为劳动者创造了就业岗位，也意味着部分不适应产业发展要求的劳动者会被替换，转而进入形式更加多样的灵活就业市场。

产业适度多样化发展意味着地区投资组合更加多样化，在产业种类不断丰富的过程中，企业的经济与技术关系更加复杂，无论是相关多样化还是无关多样化，都具有很好的经济正外部效应，对地区经济发展具有一定的稳定作用，这种稳定效应与地区所处的经济阶段、产业多样化程度、受到外部冲击时稳定效应的强弱有关。从本书的研究结论可知，产业相关多样化可以理解为地区专业化基础上的多样化，技术与经济关系紧密的产业布局更容易形成规模经济。产业间的技术经济关系密切，并不一定意味着不同地区产业结构的单一，不同产业的商品或服务还是会呈现多样化的特征。在经济下行或受到外部冲击时，连锁反应并不会迅速波及经济技术关系密切的所有产业，但是某些产业内的企业将受到较大冲击，可能导致失业率迅速提高。相反，产业无关多样化则更能体现出风险分散机制，无关多样化是产业之间技术与经济关联性较弱的产业布局，无关多样化越高，越有助于发挥各种资源禀赋优势，有助于降低异质性劳动力的匹配成本，促进多样化劳动力市场的形成，使得低技能的农业转移人口能够拥有更多的就业选择。更重要的是，经济下行和外部需求下降带来的冲击会由于不相关产业所处经济周期存在差异而被有效分散，甚至有些处于成长期的产业还能创造大量的就业岗位。从相关多样化与无关多样化来看，整体多样化发挥稳定地区就业效应的关键在于两种多样化的合力影响。理论上，产业无关多样化更能提高地区的劳动力容纳能力和吞吐能力，降低失业率和就业波动，甚至在经济波动中还能控制城乡收入差距的拉大。适度多样化更能发挥产业间的外部性，也是地区产业差异化发展的重要原因。对于高新技术较为集中的地区，产业多样化的 Jacobs 外部性更能促进产业增长。高新技术产业较为集中的东部或核心城市更需要多样化发展；对于中西部地区，可以充分考虑自身的禀赋优势，提高产业的相关多样化程度。相关多样化可以进一步促进集聚和高度专业化，政策可以偏向于多样化的 MAR 外部性对地区产业发展与居民收入提高的促进效应。我国东部地区专业化发展较为充分，可以通过产业适度多样化发展进一步提升地区劳动力吸纳能力，提高经济结构的稳定性与抗风险能力，中西部地区的大城市同样需要提高产业的多样化程度，在遇到外部冲击时，能够通过有效分散风险和寻找新的经济增长点来保持经济的稳定性，稳定地区就业水平，控制城乡收入差距的扩大。产业适度多样化发展并不会影响专业化的经济增长作用，还能有效发挥稳定经济的作用。

根据本书结论，无论是相关多样化、无关多样化抑或整体多样化，均与失业率正相关，产业多样化指标越高，失业率水平越高。通过进一步的中介效应检验及考虑劳动力配置强度的检验发现，产业多样化表现出就业抑制作用的主要原因在于劳动力向城市集聚的规模远大于产业扩张的规模，因此，继续加快产业扩张速度，增强农村市场吸纳劳动力的能力，是解决就业的关键。

9.4 完善农村经济体制促进就业增长

生产要素是否能在产业间自由流动是衡量一个国家和地区的市场经济体制是否成熟重要的判断标准，而生产要素的自由流动需要以充分发挥市场机制在资源配置中的基础性作用为前提。从“精准扶贫”到“脱贫攻坚”再到“乡村振兴”，虽然我国农村经济体制不断完善，但是仍有大量顽固性问题需要解决。例如，集体所有制下的土地资源确权问题，在长期城乡二元分割的土地制度下，将农村集体所有制的土地资源单向转变为城镇国有土地，土地收益分配长期不平等，没有及时出台促进失地农民融入城市产业体系的政策，一定程度上限制了农村生产要素市场发展和资源的优化整合。农村耕地、宅基地制度改革已实施多年，但是扎根于广大农民心中的耕地、宅基地产权问题并未得到有效解决，长期处于权责不清晰、主体不明、土地利用不够以及经营粗放的状态，这些问题阻碍了农业结构的调整，限制了农业经营效益的提高。主要原因在于，虽然在制度上进行了农村土地的确权，但是广大农民对确权后的土地收益缺少认知，或者面对烦琐的程序望而却步。此外，农村金融体制改革存在体制性、组织性及结构性和服务功能薄弱等问题，农村金融体制改革步伐严重滞后，多数农民主要依靠不正规借贷获得资金，反映了农村地区金融信息的不流通，农民多依靠社会关系进行借贷，通过正规金融机构贷款的比例较低，形成农村地区的“金融真空”现象。

可以从以下方面推进我国农村市场经济体制改革：第一，加速“耕者有其田”的土地产权制度建设，适度开放农村土地市场，在原有农村集体土地单向转变为国有土地的模式基础上，探索更加高效且符合农村集体土地增收目标的新路径，盘活农村二级土地市场，保障农民的土地使用权、土地财产权及土地收入权，支持市场在农民土地资源配置环节发挥基础性作用，通过法律、行政等手段保护农民土地权益。第二，加快农村生产技术体系建设，鼓励农业科研、教育等单位和涉农企业积极参与，以农村经济合作组织为基础，打造分工协作明确、服务质量提升以及充满活力的多层次体系。第三，加快推进乡镇机构综合改革进程。乡镇政府应重点解决和强化三个方面的职能：一是为农村经济发展创造环境，坚持农村基本经营制度，从根本上维护农民市场主体地位、维护农民权益，落实农村基础设施建设并加强对农村市场的监督。二是将更多的公共服务引进农村，包括教育、卫生、文化、体育及环境保护等各种社会事业，为农民提供完善的社会保障。三是为农民提供社会救助等，解决农村社会问题，维护农村社会的稳定。改革农村税费制度，减轻农民负担，真正做到坚持和巩固农村基本经济制度、保障农民基本权益。第四，合理配置地区基础设施投资，降低人口流动成本，提升地区就业人口稳定性。在经济增长过程中，促进农村劳动力的转移并为其提供平等的发展机会。在城镇化进程中涉及多个方面的成本。在推进城镇化、市民化的进程中，要注重基础设施建设，政府应加大对农业基础设施的投资，通过合理配置基础设施投资来引导多元化的城镇化发展模式，注重产业多样化发展，降低劳动力转移之后的就业匹配成本。第五，保障农业转移人口享受到与城市居民同等的公共服务，大幅增加公共产品和服务的投入，扩大基础设施的覆盖面。提高基础设施配置效率，促进地区城乡一体化劳动力市场建设，降低生产要素流动成本，尤其是保障农村剩余劳动力的有序转移，降低市民化成本，缩小城乡收入差距。

参考文献

[1] Lewis A. Economic development with unlimited supplies of labour[J]. The Manchester School of Economic and Social Studies, 1954, 22(2):139-191.

[2] Ranis G, Fei J C. A theory of economic development. [J]. American Economic Review, 1961, 51(4):533-565.

[3] Helsley R W, Strange W C. Matching and agglomeration economies in a system of cities[J]. Regional Science & Urban Economics, 1990, 20(2):189-212.

[4] Matsuyama K. Innovation and growth in the global economy[J]. Journal of International Economics, 1992, 33(3-4):383-386.

[5] Peneder M. Intangible investment and human resources[J]. Journal of Evolutionary Economics, 2002, 12(1-2):107-134.

[6] Baumol W J. Macroeconomics of unbalanced growth: The anatomy of urban crisis[J]. American Economic Review, 1967, 57(3):415-426.

[7] Dowrick S. Sectoral change, catching up and slowing down[J]. Economics Letters, 1989, 31 (4):331-335.

[8] Alwyn Y. The tyranny of numbers: Confronting the statistical realities of the East Asian growth experience[J]. Quarterly Journal of Economics, 1995(3):641-680.

[9] Copeland B R, Taylor M S. North-South trade and the environment[J]. Quarterly Journal of Economics, 1994, 109(3):755-787.

[10] Caves R E. Money and capital in economic development[J]. Journal of International Economics, 1974, 4(2):220-224.

[11] Aitken B J, Ann E H. Do domestic firms benefit from direct foreign investment? Evidence from Venezuela [J]. The American Economic Review, 1999,89(3):605-618.

[12] Frenken K, Van Oort F, Verburg T. Related variety, unrelated variety and regional economic growth [J]. Regional Studies, 2007, 41 (5): 685-697.

[13] Findeisen S, Suedekum J. Industry churning and the evolution of cities: Evidence for Germany[J]. Journal of Urban Economics, 2008, 64(2):326-339.

[14] Simon D. Industrial specialization and the returns to labor[J]. Journal of Labor Economics, 1990, 8(2):175-201.

[15] Wagner J E, Deller S C. Measuring the effects of economic diversity on growth and stability[J]. Land Economics, 1998:541-556.

[16] Simon C J. Frictional unemployment and the role of industrial diversity [J]. The Quarterly Journal of Economics, 1988,103(4):715-728.

[17] Barkume A J. Differentiating employment prospects by industry and returns to job search in metropolitan areas[J]. Journal of Urban Economics, 1982, 12(1): 68-84.

[18] Sarma M, Pais J. Financial inclusion and development[J]. Journal of International Development,2011(5):613-628.

[19] 张鹏飞. 中国经济学理论创新与构建中国话语权体系——“中国供给侧结构性改革”研讨会暨《新供给经济学:供给侧结构性改革与持续增长》新书发布会综述[J]. 科学发展,2016(06):5-8.

[20] 李鲁，刘学华. 中国产业结构变迁及其影响因素研究[J]. 上海行政学院学报，2020，21(04)：97-111.

[21] 沈利生. 最终需求结构变动怎样影响产业结构变动——基于投入产出模型的分析[J]. 数量经济技术经济研究，2011，28(12)：82-95+114.

[22] 颜色，郭凯明，杭静. 需求结构变迁、产业结构转型和生产率提高[J]. 经济研究，2018，53(12)：83-96.

[23] 高波，陈健，邹琳华. 区域房价差异、劳动力流动与产业升级[J]. 经济研究，2012，47(01)：66-79.

[24] 刘克逸. 人力资本与我国产业国际竞争力的提高[J]. 复旦学报(社会科学版)，2002(03)：8-11.

[25] 代谦，别朝霞. 人力资本、动态比较优势与发展中国家产业结构升级[J]. 世界经济，2006(11)：70-84+96.

[26] 靳卫东. 人力资本与产业结构转化的动态匹配效应——就业、增长和收入分配问题的评述[J]. 经济评论，2010(06)：137-142.

[27] 刘桂芝，张肃. 东北地区产业结构演进中的人力资本效应[J]. 经济问题探索，2004(06)：90-95.

[28] 唐辉亮. 人力资本结构、技术资本配置结构与产业转型升级能力研究[J]. 统计与决策，2014(02)：106-108.

[29] 张鸿敏，鲍敦全. 人力资本投入对产业结构优化的贡献度测算[J]. 求索，2012(08)：69-71.

[30] 曾国平，王燕飞. 中国金融发展与产业结构变迁[J]. 财贸经济，2007(08)：12-19+128.

[31] 邓晶，管月. 内生技术变迁视角下金融发展与产业结构升级[J]. 科技进步与对策，2019，36(19)：66-73.

[32] 刘梅生. 我国银行信贷与产业结构变动关系的实证研究[J]. 南方金融，2009(07)：24-26+68.

[33] 徐伟呈，范爱军. 互联网技术驱动下制造业结构优化升级的路径——来自中

国省际面板数据的经验证据[J]. 山西财经大学学报,2018,40(07):45-57.

[34] 隋建利,李玥蓉,李悦欣. 宏观调控政策与经济结构变迁[J]. 经济评论,2020(03):37-53.

[35] 张辉. 我国货币政策传导变量对产业结构影响的实证研究[J]. 经济科学,2013(01):22-35.

[36] 严成樑,吴应军,杨龙见. 财政支出与产业结构变迁[J]. 经济科学,2016(01):5-16.

[37] 王金波,佟继英. 财政科教支出、产业结构变迁与技术创新能力——基于供给侧改革视角下的审视[J]. 经济问题探索,2018(03):18-31.

[38] 刘贯春,吴辉航,刘媛媛. 最低工资制度如何影响中国的产业结构?[J]. 数量经济技术经济研究,2018,35(06):40-59.

[39] 文东伟,冼国明,马静. FDI、产业结构变迁与中国的出口竞争力[J]. 管理世界,2009(04):96-107.

[40] 张鹏,邹家骏. FDI 与产业结构变迁——来自中国的经验证据[J]. 产业经济评论,2019(03):5-20.

[41] 叶初升,舒义文,罗连发. 双向 FDI 影响产业结构变迁的实证研究——高水平开放促进高质量发展的路径探索[J]. 东南学术,2020(02):153-163+248.

[42] 张明,胡壮程,薛泽帅. 产业高级化对经济增长的作用研究——基于我国产业结构演进的实证分析[J]. 贵州财经大学学报,2019(02):24-30.

[43] 田友春,卢盛荣,李文溥. 中国全要素生产率增长率的变化及提升途径——基于产业视角[J]. 经济学(季刊),2021,21(02):445-464.

[44] 田江海. 变"数量型"经济为"质量型"经济[J]. 经济研究,1985(09):32-36.

[45] 郭克莎. 加快我国经济增长方式的转变[J]. 管理世界,1995(05):31-40.

[46] 沈利生. 经济增长与通货膨胀的周期联动——兼中国的菲利普斯曲线解读[J]. 宏观经济研究,2009(06):15-19.

[47] 刘燕妮,安立仁,金田林. 经济结构失衡背景下的中国经济增长质量[J]. 数量经济技术经济研究,2014,31(02):20-35.

[48] 刘伟，张辉. 中国经济增长中的产业结构变迁和技术进步[J]. 经济研究，2008，43(11)：4-15.

[49] 干春晖，郑若谷. 改革开放以来产业结构演进与生产率增长研究——对中国1978—2007年“结构红利假说”的检验[J]. 中国工业经济，2009(02)：55-65.

[50] 郑若谷，干春晖，余典范. 转型期中国经济增长的产业结构和制度效应——基于一个随机前沿模型的研究[J]. 中国工业经济，2010(02)：58-67.

[51] 张红霞，王悦. 经济制度变迁、产业结构演变与中国经济高质量发展[J]. 经济体制改革，2020(02)：31-37.

[52] 吴万宗，刘玉博，徐琳. 产业结构变迁与收入不平等——来自中国的微观证据[J]. 管理世界，2018，34(2)：22-33.

[53] 蔡悦灵，林汉川. 中国城市群城市化对城乡居民收入差距影响的实证检验[J]. 统计与决策，2018，34 (23)：138-142.

[54] 叶含亮，周珊珊. 西部地区城镇化、就业结构变迁对城乡收入差距影响研究[J]. 生产力研究，2019(11)：83-87.

[55] 吕政. 中国能成为世界的工厂吗？[J]. 中国工业经济，2001(11)：5-8+21.

[56] 金芳. 国际分工的深化趋势及其对中国国际分工地位的影响[J]. 世界经济研究，2003(03)：4-9.

[57] 刘昌黎. 论中国世界工厂及其对策[J]. 中国工业经济，2002(10)：43-50.

[58] 于蕾，沈桂龙.“世界工厂”与经济全球化下中国国际分工地位[J]. 世界经济研究，2003(04)：35-38.

[59] 沈桂龙，于蕾. 外商直接投资对我国经济发展的负面影响及对策思考[J]. 世界经济研究，2005(11)：4-10.

[60] 杨丹辉. 中国成为“世界工厂”的国际影响[J]. 中国工业经济，2005(09)：42-49.

[61] 江静，刘志彪. 世界工厂的定位能促进中国生产性服务业发展吗[J]. 经济理论与经济管理，2010(03)：62-68.

[62] 程大中. 中国参与全球价值链分工的程度及演变趋势——基于跨国投入-产

出分析[J]. 经济研究,2015,50(09):4-16+99.

[63] 杜传忠,金华旺. 制造业产融结合、资本配置效率与企业全要素生产率[J]. 经济与管理研究,2021,42(02):28-40.

[64] 孙文远. 产品内价值链分工视角下的产业升级[J]. 管理世界,2006(10):156-157.

[65] 朱平芳,张征宇,姜国麟. FDI 与环境规制:基于地方分权视角的实证研究[J]. 经济研究,2011,46(06):133-145.

[66] 陈刚. FDI 竞争、环境规制与污染避难所——对中国式分权的反思[J]. 世界经济研究,2009(06):3-7+43+87.

[67] 张海洋. 中国工业部门 R&D 吸收能力与外资技术扩散[J]. 管理世界,2005(06):82-88.

[68] 郭丽燕,黄建忠,庄惠明. 人力资本流动、高新技术产业集聚与经济增长[J]. 南开经济研究,2020(06):163-180.

[69] 张同斌,高铁梅. 财税政策激励、高新技术产业发展与产业结构调整[J]. 经济研究,2012,47(05):58-70.

[70] 王晓滨,张文修. 建立促进陕西地方经济发展的税收政策[J]. 当代经济科学,2004(05):101-102.

[71] 凌丹,邹梦婷. 金融支持、研发创新与出口复杂度——基于中国高新技术产业价值链的分析[J]. 技术经济,2020,39(11):77-86.

[72] 金碚. 高技术在中国产业发展中的地位和作用[J]. 中国工业经济,2003(12):5-10.

[73] 朱喜安,张秀,李浩. 中国高新技术产业集聚与城镇化发展[J]. 数量经济技术经济研究,2021,38(03):84-102.

[74] 何景熙,何懿. 产业-就业结构变动与中国城市化发展趋势[J]. 中国人口·资源与环境,2013,23(06):103-110.

[75] 洪银兴. 论加入 WTO 后我国现代服务业的发展[J]. 经济纵横,2002(12):5-6.

[76] 姜爱林.城镇化与工业化互动关系研究[J].财贸研究,2004(03):1-9.
[77] 曾芬钰.城市化与产业结构优化[J].当代经济研究,2002(09):31-36.
[78] 高帆,石磊.中国各省份劳动生产率增长的收敛性:1978—2006 年[J].管理世界,2009(01):49-60+71.
[79] 李志伟.河北省产业结构与就业结构协调发展实证分析——基于人力资本理论视角[J].经济与管理,2016,30(04):42-48.
[80] 吕世斌,张世伟.中国劳动力“极化”现象及原因的经验研究[J].经济学(季刊),2015,14(02):757-778.
[81] 郝楠,江永红.谁影响了中国劳动力就业极化?[J].经济与管理研究,2017,38(05):75-85.
[82] 李宏兵,郭界秀,翟瑞瑞.中国企业对外直接投资影响了劳动力市场的就业极化吗?[J].财经研究,2017,43(06):28-39.
[83] 范剑平,向书坚.我国消费结构升级与产业结构升级的二个时间差[J].管理世界,1994(06):129-132+214-215.
[84] 李力行,申广军.经济开发区、地区比较优势与产业结构调整[J].经济学(季刊),2015,14(03):885-910.
[85] 张桂文,孙亚南.人力资本与产业结构演进耦合关系的实证研究[J].中国人口科学,2014(06):96-106+128.
[86] 王庆丰.我国产业结构与就业结构整体协调性测度研究[J].科技管理研究,2009,29(11):112-114.
[87] 蔡昉.中国劳动力市场发育与就业变化[J].经济研究,2007(07):4-14+22.
[88] 杜传忠.经济新常态下推进我国区域协调发展的路径及对策[J].理论学习,2017(06):27-30.
[89] 高更和,李小建.产业结构变动对区域经济增长贡献的空间分析——以河南省为例[J].经济地理,2006(02):270-273.
[90] 夏业良.上海市三次产业中劳动力结构及产出效率的比较分析[J].管理世界,1999(03):104-108+133.

[91] 李晓壮. 北京流动人口结构性特征及对策研究[J]. 北京社会科学，2017(11)：4-16.

[92] 杨海波，王军. 就业质量与产业结构调整关系的实证检验[J]. 统计与决策，2018，34(03)：107-109.

[93] 沈滨，李许卡. 我国产业结构与就业结构协调发展路径选择[J]. 财经理论研究，2014(02)：1-7.

[94] 刘涛，王德政. 教育水平、工作经验与流动人口就业质量[J]. 人口研究，2021，45(04)：85-99.

[95] 戚聿东，刘翠花，丁述磊. 数字经济发展、就业结构优化与就业质量提升[J]. 经济学动态，2020(11)：17-35.

[96] 吴绮雯."十四五"时期高质量就业面临的挑战及解决思路[J]. 经济纵横，2021(07)：57-63.

[97] 孙世会. 农业转移人口就业质量及其提升对策[J]. 理论学刊，2021(04)：97-105.

[98] 郭庆. 社会融入对新生代农民工就业质量的影响及其地区差异[J]. 经济地理，2021，41(03)：161-169.

[99] 刘自团，陆根书. 家庭经济资源对大学毕业生就业质量影响的实证研究——基于陕西高校毕业生就业创业跟踪调查[J]. 北京工业大学学报(社会科学版)，2021，21(03)：127-140.

[100] 项本武，张鸿武，王坤. 人力资本积累对城市规模扩张的影响——基于中国地级及以上城市面板数据的实证检验[J]. 中南财经政法大学学报，2012(06)：15-20＋142-143.

[101] 王小鲁，夏小林. 优化城市规模推动经济增长[J]. 经济研究，1999(09)：22-29.

[102] 刘爱梅，杨德才. 城市规模、资源配置与经济增长[J]. 当代经济科学，2011，33(01)：106-113＋128.

[103] 孙祥栋，郑艳婷，张亮亮. 基于集聚经济规律的城市规模问题研究[J]. 中国

人口·资源与环境,2015,25(03):74-81.

[104] 黄群慧.中国城市化与工业化的协调发展问题分析[J].学习与探索,2006(02):213-218+271.

[105] 施建刚,王哲.中国城市化与经济发展水平关系研究[J].中国人口科学,2012(02):36-46+111.

[106] 王小鲁.中国城市化路径与城市规模的经济学分析[J].经济研究,2010,45(10):20-32.

[107] 张捷,张媛媛,莫扬.对外贸易对中国产业结构向服务化演进的影响——基于制造-服务国际分工形态的视角[J].财经研究,2013,39(06):16-27.

[108] 李勇刚,王猛.土地财政与产业结构服务化——一个解释产业结构服务化"中国悖论"的新视角[J].财经研究,2015,41(09):29-41.

[109] 干春晖,郑若谷,余典范.中国产业结构变迁对经济增长和波动的影响[J].经济研究,2011,46(05):4-16+31.

[110] 白丽红,薛秋霞,曹薇."互联网+"能驱动传统产业转型升级吗[J].经济问题,2021(03):86-91.

[111] 刘日星,蒋文莉.工资、失业与制造业内部结构变动区域差异分析[J].财经问题研究,2016(03):87-93.

[112] 刘楷.1999—2005年中国地区工业结构调整和增长活力实证分析[J].中国工业经济,2007(09):40-47.

[113] 徐悦,张居营.中国省际经济增长、产业结构变动对就业效应影响的实证检验[J].统计与决策,2015(06):97-101.

[112] 孙晓华,柴玲玲.相关多样化、无关多样化与地区经济发展——基于中国282个地级市面板数据的实证研究[J].中国工业经济,2012(06):5-17.

[114] 胡安荣,杨明媚.产业多样化对就业的影响——基于中国省级面板数据的实证研究[J].经济问题探索,2016(05):76-82.

[115] 佟家栋,刘竹青.房价上涨、建筑业扩张与中国制造业的用工问题[J].经济研究,2018,53(07):59-74.

[116] 孙伟增,李汉雄,刘诗濛.房价上涨与教育选择:财富效应还是就业冲击?[J].经济科学,2021(03):136-149.

[117] 王文春,宫汝凯,荣昭,等.房地产扩张对中国制造业工资的影响研究——基于劳动力再配置的视角[J].经济学(季刊),2021,21(03):951-978.

[118] 张勋,万广华,张佳佳,等.数字经济、普惠金融与包容性增长[J].经济研究,2019,54(08):71-86.

[120] 许圣道,田霖.我国农村地区金融排斥研究[J].金融研究,2008(07):195-206.

[121] 黄秋萍,胡宗义,刘亦文.中国普惠金融发展水平及其贫困减缓效应[J].金融经济学研究,2017,32(06):75-84.

[122] 宋晓玲.数字普惠金融缩小城乡收入差距的实证检验[J].财经科学,2017(06):14-25.

[123] 刘亦文,丁李平,李毅,等.中国普惠金融发展水平测度与经济增长效应[J].中国软科学,2018(03):36-46.

[124] 李涛,徐翔,孙硕.普惠金融与经济增长[J].金融研究,2016(04):1-16.

[125] 梁榜,张建华.中国普惠金融创新能否缓解中小企业的融资约束[J].中国科技论坛,2018(11):94-105.

[126] 郑志来.金融结构、普惠金融与小微企业融资体系构建[J].当代经济管理,2019,41(08):85-90.

[127] 韩冰凝.浅析大数据技术对于互联网普惠金融风险管控能力的重要作用[J].财经界,2017(02):2.

[128] 陆岷峰,徐博欢.普惠金融:发展现状、风险特征与管理研究[J].当代经济管理,2019,41(03):73-79.

[129] 谢家智,王文涛,李尚真.包容性金融发展的产业结构升级效应[J].当代经济研究,2017(03):74-83.

[130] 王修华,赵亚雄.中国金融包容的增长效应与实现机制[J].数量经济技术经济研究,2019,36(01):42-59.

[131] 黄怡伟,陈鹤瑞.环境规制、普惠金融与产业结构调整——基于消费端碳排放数据的检验[J].资源开发与市场,2021,37(08):947-953+933.

[132] 黄明清.我国普惠金融发展的产业升级效应研究——基于SYS-GMM的动态面板数据模型的实证分析[J].当代金融研究,2019(05):61-73.

[133] 罗超平,张梓榆,王志章.金融发展与产业结构升级:长期均衡与短期动态关系[J].中国软科学,2016(05):21-29.

[134] 苏任刚,赵湘莲,胡香香.普惠金融能成为促进中国产业结构优化升级的新动能吗?——基于互联网发展的机制分析[J].技术经济,2020,39(04):39-52.

[135] 张庆君,黄玲.数字普惠金融、产业结构与经济高质量发展[J].江汉论坛,2021(10):41-51.

[136] 唐文进,李爽,陶云清.数字普惠金融发展与产业结构升级——来自283个城市的经验证据[J].广东财经大学学报,2019,34(06):35-49.

[137] 郭婉丽,陈竞宇.我国数字普惠金融发展与产业结构升级的效应研究[J].商场现代化,2020(11):146-148.

[138] 杜金岷,韦施威,吴文洋.数字普惠金融促进了产业结构优化吗?[J].经济社会体制比较,2020(06):38-49.

[139] 肖龙铎,张兵.金融可得性、非农就业与农民收入——基于CHFS数据的实证研究[J].经济科学,2017(02):74-87.

[140] 李德山,赵云佳,苟晨阳.普惠金融对不同群体就业的影响研究——基于世界银行全球普惠金融调查数据[J].技术经济,2021,40(08):97-106.

[141] 张艳,沈惟维.普惠金融、就业机会与贫困减缓[J].统计与决策,2020,36(14):149-152.

[142] 粟芳,方蕾.中国农村金融排斥的区域差异:供给不足还是需求不足?——银行、保险和互联网金融的比较分析[J].管理世界,2016(09):70-83.

[143] 陈银娥,孙琼,徐文赟.中国普惠金融发展的分布动态与空间趋同研究[J].金融经济学研究,2015,30(06):72-81.

[144] 陆凤芝,黄永兴,徐鹏.中国普惠金融的省域差异及影响因素[J].金融经济学研究,2017,32(01):111-120.

[145] 张勋,万广华,张佳佳,等.数字经济、普惠金融与包容性增长[J].经济研究,2019,54(08):71-86.

[146] 朱一鸣,王伟.普惠金融如何实现精准扶贫?[J].财经研究,2017,43(10):43-54.

[147] 刘亦文,丁李平,李毅,等.中国普惠金融发展水平测度与经济增长效应[J].中国软科学,2018(03):36-46.

图书在版编目（CIP）数据

产业调整与就业提振研究 / 袁旭宏等著. -- 湘潭 : 湘潭大学出版社, 2024.4
ISBN 978-7-5687-1426-6

Ⅰ. ①产… Ⅱ. ①袁… Ⅲ. ①产业调整—关系—劳动就业—研究—中国 Ⅳ. ①F269.24 ②D669.2

中国国家版本馆 CIP 数据核字（2024）第 086525 号

产业调整与就业提振研究

CHANYE TIAOZHENG YU JIUYE TIZHEN YANJIU

袁旭宏 杨智辉 潘怡锦 张怀志 著

责任编辑：罗 联
封面设计：李 平
出版发行：湘潭大学出版社
社 址：湖南省湘潭大学工程训练大楼
电 话：0731-58298960 0731-58298966（传真）
邮 编：411105
网 址：http://press.xtu.edu.cn/
印 刷：长沙印通印刷有限公司
经 销：湖南省新华书店
开 本：710 mm×1000 mm 1/16
印 张：11.75
字 数：204 千字
版 次：2024 年 4 月第 1 版
印 次：2024 年 4 月第 1 次印刷
书 号：ISBN 978-7-5687-1426-6
定 价：62.00 元